JESPER JUUL

Aus Stiefeltern werden

BONUSELTERN

Chancen und Herausforderungen für Patchwork-Familien

Aus dem Dänischen übersetzt von Knut Krüger

BELTZ

Titel der Originalausgabe:
BONUSFORÆLDRE. Published by arrangement with Forlaget Apostrof, Copenhagen 2010. Published by agreement with Copenhagen Literary Agency, Copenhagen

www.jesperjuul.com
www.familylab.de
www.familylab.at
www.familylab.ch
www.facebook.com/familylab
www.twitter.com/family_lab
www.ddif.de
www.dfti.dk
www.igfb.org
www.familylabassociation.com

Dieses Buch ist erhältlich als: ISBN 978-3-407-22941-0 Print

5. Auflage 2021

Umschlaggestaltung: www.anjagrimmgestaltung.de, Stephan Engelke (Beratung)
Umschlagabbildung: Titelseite: ©plainpicture/Cultura; Rückseite: ©iStock/skynesher
Foto Jesper Juul: © Anja Kring
Gesamtherstellung: Beltz Grafische Betriebe, Bad Langensalza
Printed in Germany

Weitere Informationen zu unseren Autor_innen und Titeln finden Sie unter: www.beltz.de

Beltz Taschenbuch 941

Inhalt

Einleitung

Wer mit einem Partner zusammenlebt, der bereits Kinder hat, wurde noch vor einer Generation »Stiefvater« oder »Stiefmutter« genannt. Man war eine Art Stellvertreter für die biologische Mutter oder den biologischen Vater. Der Ausdruck Stiefvater oder Stiefmutter stammt aus einer Zeit, in der die Ehe noch eine moralische und ökonomische Notwendigkeit war, und aus mancherlei Gründen hat er einen negativen Beigeschmack bekommen. Da die Ehe in emotionaler wie in existenzieller Hinsicht inzwischen nur eine von vielen Möglichkeiten darstellt, ist der moderne Ausdruck »Bonusmutter« oder »Bonusvater« sowohl passender als auch optimistischer. Er bedeutet nicht, dass diese besondere Rolle in der Familie stets idyllisch ist, deutet aber zumindest eine konstruktive Richtung an.

»Bonuseltern«: ein Begriff, der optimistischer und passender ist als »Stiefeltern«.

Da es in den meisten europäischen Ländern heute an der Tagesordnung ist, dass die biologischen Eltern auch nach einer Trennung ein gemeinsames Sorgerecht für ihre Kinder ausüben, erleben mehr und mehr Kinder, dass sie »aufgeteilt« werden, während Eltern und Bonuseltern sich in gewisser Hinsicht als Teilzeiteltern empfinden. Für die Kinder getrennt lebender Eltern heißt dies unter anderem, dass sie sich mit drei oder vier Elternteilen auseinandersetzen müssen, was für keinen der Beteiligten eine einfache Sache ist.

Doch hier stehe ich nun als Mann oder Frau und wünsche mir nichts sehnlicher, als mit diesem Menschen, in den ich mich verliebt habe, zusammenzuleben. Er/sie hat ein oder mehrere Kinder, mit denen er/sie ständig oder beispielsweise an jedem zweiten Wochenende zusammenwohnt.

- Betrachte ich dies als Bonus oder als notwendige Begleiterscheinung unserer Liebesbeziehung?
- Bin ich dazu bereit, diese Kinder anzunehmen, zusätzlich zu denen, die ich vielleicht selbst habe?
- Bin ich darauf eingestellt, mit meinem Liebsten zusammenzuleben, auch wenn ich mit einem Kind um seinen Körper, seine Aufmerksamkeit und seine Liebe konkurrieren muss?
- Oder betrachte ich diesen Umstand vielmehr als letzte Chance, eng mit einem Kind zusammenzuleben und all die Freude zu empfinden, die es mit sich

bringt, die Entwicklung eines jungen Menschen zu begleiten? Und falls dem so ist – gehe ich somit zwei romantische Beziehungen ein, die womöglich abkühlen, wenn die Banalität des Alltags einkehrt?

Aus jedem dieser möglichen Szenarien erwächst eine besondere Verantwortung, die verschiedene Fragen aufwirft. Wie stehe ich selbst zu meiner Verantwortung? Welche Bilder und Vorstellungen hat meine Liebste im Kopf, und stimmen sie mit meinen überein? Darüber hinaus muss ich eine Einstellung zum anderen Elternteil meines Bonuskindes entwickeln. Wie wichtig ist es für mich, dass mein Bonuskind in meine Großfamilie integriert wird, und was sagen gegebenenfalls meine eigenen Kinder dazu?

Zu diesen und vielen anderen Fragen müssen wir Stellung beziehen, was einen Ernst in unsere Liebesbeziehung bringt, der zunächst fremd und verstörend wirken kann. Doch es ist eine Tatsache, dass selbst die leidenschaftlichste Verliebtheit und tiefste Liebe nicht alle Probleme löst.

*

Während meiner vielen Jahre als Familientherapeut habe ich die unterschiedlichsten Patchworkfamilien – oder wie auch immer man diese zusammengesetzten Familien bezeichnen will – kennengelernt. Sie müssen sich vor denselben Fallgruben in Acht nehmen wie die traditionelle Kernfamilie. Ich beschreibe in diesem Buch, wie diese Fallgruben aussehen und was man tun kann, um sie zu umgehen, beziehungsweise wie man aus ihnen

Für Ihre Reise brauchen Sie Liebe, Verantwortungsgefühl, Konfliktfähigkeit, Ihren Verstand und den Willen zu persönlicher Entwicklung.

wieder herauskommt. Da es aber vom Leben selbst handelt, kann ich Ihnen nicht einfach »10 praktische Tipps« an die Hand geben, die Sie automatisch vor der Mühsal des Alltags und seinen mitunter schmerzhaften Erfahrungen bewahren.

Bringen Sie also nicht nur Liebe und Verantwortungsgefühl in Ihre neue Familie mit ein – packen Sie für diese Reise auch den Willen zu persönlicher Entwicklung, Ihren Verstand und Ihre Konfliktfähigkeit mit in den Koffer.

Dieses Buch beschäftigt sich nicht mit den vielfältigen juristischen Konflikten, die eine Scheidung mit sich bringt. Nach einigen Jahrzehnten, in denen Scheidungen allmählich sozial akzeptiert und Väter mehr und mehr in die Familien integriert wurden, begreifen wir erst jetzt, wie traumatisch eine Scheidung für die beteiligten Kinder ist.

Die Gesetzgebung bemüht sich in zunehmendem Maße, dieser Erkenntnis gerecht zu werden, wenngleich ihr das nicht immer gelingt. Das liegt nicht nur am Konservativismus, sondern auch daran, dass die Aufgabe in gewisser Hinsicht unlösbar ist. Wir können unsere elterliche Verantwortung nicht an den Staat delegieren und darauf setzen, dass er unsere Probleme löst. Wenn wir selbst uns verantwortungslos und kindisch benehmen, greifen (hin und wieder) die Behörden ein, doch geschieht dies oft zu spät und zu undifferenziert.

Wenn sich Rechtsprechung und Psychologie auf Kollisionskurs befinden, bleibt fast immer die Psychologie auf der Strecke, was alle Beteiligten teuer bezahlen müssen. Bonuseltern können in diesem Konflikt eine mehr oder eine minder konstruktive Rolle spielen – realistisch betrachtet bleibt ihr Einfluss aber auf Erste-Hilfe-Maßnahmen beschränkt.

(Hinweis: In diesem Buch ist häufig von »Ihrem Partner« bzw. »Ihrer Partnerin«, »seinen« bzw. »ihren Kindern« etc. die Rede. Um sowohl eine angenehme Lesbarkeit zu gewähren als auch die unterschiedlichen Paar-Konstellationen angemessen wiederzugeben, werden die männliche und die weibliche Form im Text abwechselnd verwendet.)

Das Timing ist wichtig

Der erste Konflikt zwischen Herz und Verstand zeigt sich oft als Konflikt zwischen dem eigenen Drang, die Kinder seines Partners kennenzulernen, und den vielen Rücksichten, die der Partner als wichtig erachtet. Daher ist es nützlich, etwas von den kindlichen Reaktionen zu wissen, die durch die Scheidung der Eltern ausgelöst werden und von deren guten oder schlechten Zusammenarbeit in der Zeit nach der Trennung.

Reaktionen der Kinder nach einer Trennung

Zuerst ein paar generelle Erfahrungen:

Je destruktiver sich das Zusammenleben der Eltern bis zur Scheidung gestaltet hat und je schlechter ihre gegenwärtige Kooperation und Kommunikation funktioniert, desto schwerer haben es die Kinder, desto traumatischer sind ihre Erfahrungen und desto weniger Energie haben sie, um sich konstruktiv gegenüber den neuen Partnern ihrer Eltern zu verhalten.

Angesichts dieses düsteren Hintergrunds sollten Sie nach der Scheidung mindestens zwei bis drei Jahre warten, ehe Sie mit Ihrer neuen Partnerin zusammenziehen. Hingegen gibt es keine Faustregel, wann und in welcher Form Sie Ihren Kindern Ihre neue Partnerin am besten vorstellen, doch sollten Sie die Reaktionen der Kinder stets ernst nehmen, wie sie auch ausfallen mögen.

*

Für Kinder jedes Alters stellt eine Scheidung eine große emotionale Belastung dar. Die Skala der Empfindungen reicht von tiefer Trauer bis zu realer Traumatisierung. (Ein traumatisierter Mensch verhält sich oft irrational, ändert sein Verhalten und leidet unter einer spürbar gesunkenen Vitalität oder Lebenskraft.) Die Null- bis Dreijährigen scheinen am wenigsten belastet zu sein, die Vier- bis 13-Jährigen hingegen haben es am schwersten, und die Reaktion der Teenager pendelt zwischen dem Bewusstsein, eine Tragödie zu erleben, und mit Besorgnis durchsetzter Erleichterung hin und her. Kinder zwischen drei und 13 (beziehungsweise solche vor dem Eintreten der Pubertät) verhalten sich zu Ihnen automatisch wie zu einer neuen Mutter- oder Vaterfigur, wohingegen die meisten Jugendlichen schon so autonom sind, dass sie diese Möglichkeit außer Acht lassen und Sie als Individuum und neuen Partner ihres Vaters oder ihrer Mutter betrachten.

*

Auch wenn die Scheidung der Eltern in gegenseitigem Einvernehmen und relativ undramatisch abläuft, hinterlässt sie bei den Kindern oft tiefe Wunden, die nur sehr langsam verheilen. Über den Daumen gepeilt, kann man dabei von drei bis vier Jahren sprechen. Das entspricht

Kindern ist oft nur schwer anzusehen, wie sehr sie mit ihrer Trauer und Hoffnung zu kämpfen haben.

der Zeit, die ein Erwachsener braucht, um über den Tod eines Elternteils oder seines Partners hinwegzukommen. Kindern ist oft nur schwer anzusehen, wie sehr sie mit ihrer Trauer und Hoffnung zu kämpfen haben, weil Kinder anders trauern als Erwachsene. Lassen Sie sich deshalb nicht von ihrer Munterkeit täuschen. Glauben Sie auch nicht allein dem Urteil Ihrer Partnerin, das allzu sehr von Wunschdenken geprägt sein kann.

Machen Sie sich klar, dass die Gefühle des Kindes nicht gegen Sie oder Ihr Liebesverhältnis gerichtet sind. Kinder reagieren und fühlen, wie sie es tun, um sich selbst so weit wie möglich intakt und im Gleichgewicht zu halten. Aus kindlicher Perspektive ist es schwer, sich auf zwei verliebte Erwachsene einzustellen, weil diese weitgehend mit sich selbst, miteinander und ihrer Verliebtheit beschäftigt sind. Für andere ist in ihrem Universum nun weniger Platz.

Daran ist an sich nichts falsch und auch nichts zu ändern, doch das Kind Ihres Partners nimmt dies natürlich wahr und erleidet, abgesehen von der Scheidung seiner Eltern, einen weiteren Verlust. Das Kind erlebt, dass es nicht mehr allein im Zentrum der Aufmerksamkeit seiner Mutter oder seines Vaters steht. Dadurch nimmt es noch keinen Schaden, aber die Erwachsenen müssen den Reaktionen des Kindes ihren Platz einräumen und diesen mit Verständnis und Empathie begegnen.

Denken Sie stets daran, dass es hier nicht um Eifersucht geht, sondern das Kind von ganzem Herzen versucht, sich der neuen beschwerlichen, fordernden und komplexen Realität anzupassen, von der Sie ein Teil geworden sind. Ein gesundes Kind muss seinem Zorn, seiner Trauer und Frustration Ausdruck geben, um weiterzukommen. Ob das Kind nun schmollt, an seinem Vater oder seiner Mutter klebt, ständig Aufmerksamkeit beansprucht oder Ihnen die kalte Schulter zeigt – es ist an Ihnen und Ihrem Partner, die Botschaft zu verstehen: »Ich habe die Trauer über den Verlust meiner Familie noch nicht überwunden und hoffe die ganze Zeit, dass meine Eltern wieder zusammenfinden. Die Vorstellung eines neuen Erwachsenen und einer neuen Familie überfordert mich einfach.«

Wenn Sie einmal mit dem Kind Ihrer Partnerin allein sind, können Sie ihm zeigen, dass Sie seine Gefühle und

Gedanken akzeptieren, indem Sie sagen: »Ich weiß, wie schwierig es für dich ist, dass deine Mutter und ich uns ineinander verliebt haben, und es ist völlig in Ordnung, dass du darüber nicht so froh bist, wie wir es sind.«

Sicher gibt es auch Ausnahmen. Manchmal stimmt von Anfang an die Chemie zwischen dem neuen Erwachsenen und dem Kind, sodass sie ihre Beziehung harmonisch entwickeln können. In diesem Fall kann der Erwachsene das Kind offen ansprechen: »Deine Mama und ich sind sehr verliebt ineinander und würden am liebsten zusammenwohnen. Was hältst du davon?« Irgendwann muss dieses Gespräch natürlich so oder so geführt werden, auch wenn die Atmosphäre weniger harmonisch ist.

Das bedeutet nicht, dass die Kinder bestimmen sollen, ob oder wann ihre Eltern eine neue Familie gründen. Es bedeutet nur, dass sie sich eingeladen fühlen, ihre Gedanken und Gefühle auszudrücken, und dass diese auch ernst genommen werden. Das kann dazu führen, dass der gesamte Prozess ein paar Wochen oder Monate länger dauert, als die Erwachsenen es sich wünschen, doch ist es, gerade für Ihre Beziehung zu den Kindern, von entscheidender Bedeutung, dass diese so viel Zeit bekommen, wie sie brauchen. Denn die Kinder müssen sich darauf vorbereiten, Ihnen ein großes und kostbares Ge-

Es ist von entscheidender Bedeutung, dass die Kinder so viel Zeit bekommen, wie sie brauchen.

schenk zu machen – die Aufmerksamkeit, Nähe, Liebe und Zeit ihrer Mutter oder ihres Vaters mit Ihnen zu teilen. Denken Sie also daran, diese Gabe zu würdigen, wenn sie Ihnen zuteil wird!

Manchmal weigert sich ein Kind auch ganz und gar, sich gegenüber dem neuen Partner seiner Mutter oder seines Vaters konstruktiv zu verhalten. Ganz gleich, was die Erwachsenen tun und sagen, das Kind ist dagegen! Erfahrungsgemäß liegt das oft am intuitiven Empfinden des Kindes, dass dieser Mann oder diese Frau nicht zu seiner Mutter oder seinem Vater passt – eine Einschätzung, die sich meistens als richtig erweist.

Wenn Sie solch eine kategorische Ablehnung erleben, sollten Sie sich gemeinsam mit Ihrem Partner fragen, ob dem Verhalten des Kindes nicht ein wahrer Kern zugrunde liegt. Es geschieht ja nicht selten, dass unsere Verliebtheit und ein hoher Hormonspiegel unser Urteilsvermögen beeinträchtigen. Es kann ja auch sein, dass das Kind angesichts der Machtkämpfe seiner Eltern versucht, kühlen Kopf zu bewahren, und Sie ein weiterer störender Faktor in einem ohnehin schon chaotischen Kinderleben sind.

Diese Art der kindlichen Reaktion wird oft als »egoistisch« bezeichnet, doch es ist eine Tatsache, dass sie dem mitunter extremen Verantwortungsgefühl der Kinder für das Wohlbefinden ihrer Eltern entspringt. Dieses Verantwortungsgefühl ist bereits bei sehr kleinen Kindern tief verwurzelt und hält oft ein ganzes Leben lang an. Das bedeutet nicht, dass Kinder immer recht haben, aber es bedeutet, dass Erwachsene ihre Reaktionen stets ernst und zum Anlass nehmen sollten, mit sich selbst zurate zu gehen.

Kinder sind geübte Philosophen, die sich viele Gedanken über das Leben und die Zukunft machen. Deshalb ist es wichtig, sie hin und wieder mit einzubeziehen, wenn Sie mit Ihrer Partnerin über Ihr zukünftiges gemeinsames Leben sprechen. Das verschafft den Kindern die Möglichkeit, den Prozess zu begleiten und nicht zuletzt, sich ein Bild von Ihrer Kooperationsfähigkeit zu machen. Es ist ja gerade diese Fähigkeit, die dem Kind Sicherheit vermittelt, weil es die gegenseitige Liebe, die die Erwachsenen mit Sicherheit und Optimismus erfüllt, selbst nicht erlebt. Einbeziehen in die Gespräche sollte man auch schon sehr junge Kinder. Sie mögen vom Inhalt der Gespräche nicht viel verstehen, doch gewinnen sie Sicherheit und Zutrauen, je mehr konstruktive Dialoge zwischen Erwachsenen sie erleben.

Die erste Begegnung

Kinder erfassen die Persönlichkeit eines Erwachsenen messerscharf, und auch wenn sie nicht alles sehen, irren sie sich nur selten auf ganzer Linie. Das bedeutet, dass Ihnen ein spannendes und lehrreiches Erlebnis bevorsteht, wenn Sie das erste Mal mit den Kindern Ihres neuen Partners zusammen sind. Öffnen Sie Ihr Herz und seien Sie sich bewusst, dass dies der Beginn einer Beziehung ist, die sich wechselseitig entwickeln muss. Versuchen Sie gar nicht erst, sich einzuschmeicheln,

Versuchen Sie nicht, sich einzuschmeicheln oder eine bestimmte Rolle zu spielen.

denn Kinder fassen nur Vertrauen und Zuneigung, wenn sie Aufrichtigkeit und Authentizität spüren. Eltern kommen unter Umständen jahrelang damit durch, bestimmte Rollen zu spielen, was aber nur an der vorbehaltlosen Liebe und dem Vertrauen liegt, das Kinder ihren biologischen Eltern entgegenbringen. Andere Erwachsene fallen damit durch und müssen die »Aufnahmeprüfung« dann noch einmal ablegen.

Erwachsene sind ebenso verschieden wie Kinder. Einige Erwachsene gehen mit Begeisterung und offenen Armen auf die Kinder zu, während andere erst einmal vorsichtig agieren und darauf warten, dass die Kinder sich ihnen öffnen. Manche Erwachsenen lieben es zu spielen, während andere sich damit schwertun. Kinder haben verschiedene Temperamente. Die einen brauchen viel Zeit, um zuzuhören und sich alles in Ruhe anzuschauen, während die anderen dich sofort in ihr Zimmer mitnehmen und freimütig von ihrer Lieblingspuppe, dem neuen Traktor oder dem Popstar an der Wand erzählen. Folgen Sie immer dem Tempo des Kindes – in Ihrem eigenen Tempo!

*

Das Vertrauen eines Kindes zu gewinnen ist vielleicht eines der größten Geschenke, die das Leben zu bieten hat. Manche Kinder geben es freimütig und riskieren, enttäuscht zu werden. Andere nehmen sich viel Zeit und öffnen die Tür nur einen Spaltbreit. Wieder andere haben schon eine (oder mehrere) Scheidungen erlebt und ihr Vertrauen in die Erwachsenen weitgehend verloren. Und dann gibt es jene Kinder, die noch nie einen richtigen Kontakt zu ihrem Vater oder ihrer Mutter hatten und sich hungrig in die Arme eines jeden Erwachsenen werfen, der das passende Geschlecht hat.

Doch ganz gleich, welche psychologischen Ursachen dem Verhalten Ihres Bonuskindes zugrunde liegen mögen, ist es Ihre Aufgabe, es so anzunehmen, wie es ist. Lassen Sie das Analysieren und Problematisieren! Es geht um das Hier und Jetzt, um Sie und das Kind. Denn diese Situation birgt die unwiederbringliche Möglichkeit, sich vollkommen vorurteilsfrei – im Bewusstsein, dass jeder so sein darf, wie er ist – zu begegnen und auf dieser Grundlage eine Beziehung zu entwickeln.

In Kommunikation kommen

Historisch betrachtet ist die Beziehung zwischen Kindern und Erwachsenen durch verbale Armut gekennzeichnet: Die Erwachsenen stellen Fragen, die von den Kindern beantwortet oder ignoriert werden. Das Problem besteht darin, dass man sich hinter seinen Fragen vortrefflich verstecken kann, während derjenige, der antworten soll, sich entblößen muss. Und das ist keine gleichwertige Beziehung.

Ein guter und naher Kontakt zwischen Kindern und Erwachsenen entsteht genauso wie zwischen zwei ver-

Erzählen Sie von sich und zeigen Sie, wer Sie sind.

liebten Erwachsenen und erfordert, dass beide Seiten ihren Gedanken und Gefühlen Ausdruck geben und dem anderen einen Blick hinter die Kulissen gewähren. Stellen Sie daher so wenig Fragen wie möglich, sondern erzählen Sie dem Kind lieber von sich selbst, von Ihrer Familie, Ihren Interessen, Ihrer Unsicherheit, Ihrer Verliebtheit etc. Nicht in Form langer Vorträge, sondern als Einladung.

Die Beziehung zwischen Ihnen und Ihrem zukünftigen Bonuskind ist anders als die Beziehung zu Ihrer Partnerin. Denn Sie als Erwachsener haben in dieser Beziehung die »Macht« – d.h. die Verantwortung, den richtigen Ton anzuschlagen –, und je aufrichtiger und persönlicher dieser Ton von Beginn an ist, desto besser sind die Aussichten für die Zukunft.

*

Für »psychologisches Gerede« haben Kinder nichts übrig. Wenn Sie die Mutter des Kindes abholen, um sie zum Abendessen in die Stadt einzuladen, sollten Sie die Gefühle des Kindes respektieren, indem Sie etwa Folgendes sagen: »Ich habe deine Mutter heute zum Abendessen eingeladen. Ist es in Ordnung, dass ich sie mir für ein paar Stunden ›ausleihe‹?«

Lautet die Antwort »Nein«, könnten Sie sagen: »Ups, wie schade! Ich hatte gehofft, dass du nichts dagegen hast ... Aber ich verspreche dir, dass ich sie später wieder abgebe, damit du sie morgen früh ganz für dich allein hast.«

Das ist sehr viel besser als: »Ich kann ja gut verstehen, dass es schwer für dich ist, auf deine Mutter zu verzichten, aber manchmal müssen wir Erwachsenen ein bisschen Zeit für uns haben, auch wenn dir das nicht gefällt.«

Wenn Sie merken, dass Ihr Partner nervös ist und zwischen Ihnen und dem Kind zu vermitteln versucht, nehmen Sie ihn einfach in die Küche mit und machen ihm liebevoll klar, dass Sie mit der Situation schon allein zurechtkommen und keine diplomatische Einmischung brauchen. Vielleicht führt der Weg zum Herzen einer alleinerziehenden Mutter oder eines alleinerziehenden Vaters über deren Kind, doch das Herz eines Kindes erobert man nur auf dem direkten Weg.

Die erste Begegnung kann der Beginn einer Bekanntschaft sein, die sich allmählich zu einer Freundschaft entwickelt, in der Sie bestenfalls eine Art Elternrolle übernehmen. In 99 Prozent aller Fälle dauert dieser Prozess zwischen fünf und zehn Jahren. Sie haben also viel Zeit!

Was ist ein »guter« Kontakt?

Ein guter Kontakt ist nicht unbedingt gleichbedeutend mit einem engen Kontakt. Vermutlich werden Sie in der Familie Ihrer Partnerin oft die Rolle eines Gastes innehaben, bevor Sie ein Teil dieser neuen Familie werden, und in dieser Rolle sind vor allem Freundlichkeit, Höflichkeit

Drängen Sie den Kindern keine Beziehung auf, für die diese nicht bereit sind.

und Interesse gefragt. Sie sollten sich vor dem Versuch hüten, die Kinder zu einer engen Beziehung mit Ihnen zu »verführen«. Die meisten Kinder hassen es, wenn Erwachsene zu aufdringlich sind und versuchen, eine Beziehung zu etablieren, deren Nährboden noch nicht bereitet ist.

Anregungen für Gesprächseinstiege

Sie sollten sich Kindern gegenüber nicht anders verhalten als gegenüber Erwachsenen, mit denen Sie sich anfreunden wollen: Suchen Sie nach Anknüpfungspunkten, respektieren Sie die Grenzen des Kindes und tragen Sie Sorge um Ihre eigenen Grenzen. Wenn Ihre künftigen Bonuskinder zu Ihnen Stellung beziehen, dann tun sie das vor allem auf Grundlage dessen, was zwischen Ihnen und Ihrem Partner vor sich geht.

Ein guter und intimer Kontakt entsteht dadurch, dass Sie sich für einen solchen zur Verfügung stellen, und zwar in dem Tempo, das es Ihnen ermöglicht, persönlich, offen, authentisch und verletzbar zu sein. Hier folgen einige Beispiele, für die Sie vielleicht Verwendung finden:

»Es ist schon ein komisches Gefühl für mich, wo ich selbst keine Kinder habe, euch kennenlernen zu dürfen. Ich freue mich darüber, aber ich bin auch etwas nervös. Was tue ich nur, wenn ihr mich nicht leiden könnt? Ist es in Ordnung, wenn ich euch einfach frage, falls ich mal Hilfe brauche?«

»Jetzt kennen wir uns schon ein ganzes Jahr, doch ich war so sehr mit mir selbst beschäftigt, dass ich fast gar keine Zeit hatte, dich besser kennenzulernen, und das ist doch eigentlich eine Schande. Ich würde dich gern mal allein zu einer Pizza einladen. Deine Mutter hat schon ihr Okay gegeben, und jetzt hoffe ich natürlich, dass du auch Lust dazu hast.«

»Ich bin ja selbst geschieden und habe meine Kinder nicht immer bei mir. Ich finde das hart – auch für sie. Manchmal bin ich so traurig darüber, dass ich denke, man sollte Scheidungen verbieten, solange die Kinder noch zu Hause wohnen ... aber das geht natürlich nicht.«

»Ich weiß, dass Erwachsene immer nach der Schule fragen, aber es interessiert mich wirklich, wie es dir in der Schule geht, was dir am besten gefällt usw. Ist es okay, wenn ich danach frage, oder findest du das eher nervig?«

»Mein Vater ist letztes Jahr gestorben, und fast gleichzeitig habe ich mich in eure Mutter verliebt. Es ist merkwürdig, dass man gleichzeitig so traurige und so schöne Dinge erleben kann ... Denkst du das auch manchmal?«

»Ich kann nicht so gut reden – weder mit Kindern noch mit Erwachsenen , und jetzt, da euer Vater nicht da ist, bin ich natürlich etwas aufgeregt. Gibt es etwas, das ihr gerne von mir oder von meinem Leben wissen wollt?«

»Ich bin etwas nervös, plötzlich mit dir allein zu sein, und wenn ich nervös bin, plappere ich meistens in einer Tour. Aber das will ich heute nicht. Heute will ich lieber über Dinge reden, die für uns beide wichtig sind.«

»Ich weiß, dass die Scheidung deiner Eltern sehr hart für dich war. Ich möchte mich da auch nicht einmischen, wenn ich nicht danach gefragt werde. Aber es gibt eine Sache, die

ich unbedingt aus deinem Mund hören muss: Möchtest du am liebsten, dass ich wieder aus eurem Leben verschwinde, oder ist es okay, dass ich da bin?«

Zum Abschluss oder nachdem die Rechnung bezahlt ist, könnten Sie sagen:

»Danke, dass ihr heute Abend mitgekommen seid! Es bedeutet sehr viel für mich, euch richtig kennenzulernen.«

»Danke, dass du heute Abend mitgekommen bist! Ich weiß deinen Mut sehr zu schätzen, dass du nichts sagst, wenn du nichts zu sagen hast. Das macht es auch einfacher für mich, so zu sein, wie ich bin.«

»Danke, dass ihr heute Abend mitgekommen seid! Ich fand es so schön, dass ich es bereue, euch nicht schon längst eingeladen zu haben. Vielen Dank!«

»Danke, dass du heute Abend mitgekommen bist! Ich bin froh, dass wir über ein paar wichtige Dinge geredet haben. Aber es tut mir auch leid, dass dein Leben im Moment so schwierig ist. Sag mir Bescheid, wenn es etwas gibt, das ich tun kann.«

Vielen von uns fällt es schwer, sich anderen Menschen gegenüber so freimütig und persönlich zu äußern. Wir sind es vielmehr gewohnt, an der Oberfläche zu bleiben oder *über* den anderen zu reden. Ihre Bonuskinder sind vielleicht Ihre allererste Chance, mit einem Kind auf Augenhöhe zu sein – eine gleichwürdige Beziehung zu etablieren. Nutzen Sie sie! Sie haben alles zu gewinnen und viel zu verlieren – und Ihre Partnerin wird Sie dafür lieben!

Sie müssen Ihr jetziges oder künftiges Bonuskind nicht immer zum Pizzaessen einladen, doch ist es eine gute Idee, hin und wieder dafür zu sorgen, ein paar Stunden mit ihm allein zu verbringen. Unter Umständen haben Sie auch eine Verschnaufpause von all den gut gemeinten Ratschlägen und Interventionen Ihres Partners nötig. Sollte der von dieser Idee nicht begeistert sein, sollten Sie sich weder auf Diskussionen noch Streitigkeiten einlassen. Schauen Sie ihm/ihr ebenso liebevoll wie entschlossen in die Augen und sagen Sie: »So möchte ich es haben und so wird es gemacht!« Wenn Sie nicht in der Lage sind, so viel Initiative und Eigenverantwortung aufzubringen, rechtfertigen Sie das Misstrauen Ihres Partners in Ihre Reife.

Eine gleichwürdige Beziehung aufbauen

Ein guter Kontakt zu Kindern ist einem guten Kontakt zu nahestehenden Erwachsenen zum Verwechseln ähnlich. Es geht darum, gehört, gesehen und ernst genommen zu werden – was selbstverständlich immer für beide Seiten gilt. Bonuseltern haben es in gewisser Weise sogar leichter, eine gleichwürdige, persönliche Beziehung aufzubauen, weil sie sich nicht erst durch eine angenommene Mutter- oder Vaterrolle hindurcharbeiten müssen. Wenn es Ihnen gelingt, dieses Privileg zu nutzen, werden Ihre Bonuskinder zu Ihnen vielleicht ein ungezwungeneres Verhältnis entwickeln als zu ihren biologischen Eltern.

Gerade weil Sie ein neuer Erwachsener im Leben Ihrer Bonuskinder sind, können Sie authentisch und unverkrampft sein, können Ihrer Unwissenheit und unvoreingenommenen Neugier freien Lauf lassen. Die biologischen Eltern ziehen hinsichtlich ihrer Kinder oft die falschen Schlüsse, weil sie glauben, sie in- und auswendig zu kennen. Sie hingegen müssen nichts anderes tun, als einen Platz im Leben Ihrer Bonuskinder zu finden, der für beide Seiten so konstruktiv und komfortabel wie möglich ist.

*

Kinder sprechen und handeln oft symbolisch und fühlen sich häufig in Gesprächssituationen am wohlsten, in denen man noch etwas anderes tut: abwaschen, spazieren gehen, spielen, einen Ölwechsel beim Auto vornehmen, im Schwimmbad sein, Wäsche zusammenlegen, essen machen etc. Zunächst ist es wichtig, dass Sie die Initiative ergreifen: »Ich habe Lust spazieren zu gehen. Willst du mitkommen?« statt: »Wir könnten ja vielleicht einen Spaziergang unternehmen, aber nur, wenn du Lust hast.«

Wenn Sie erst einmal zusammen im Auto sitzen oder durch den Wald gehen, werden Sie es spüren, sobald sich ein Moment der Vertrautheit einstellt. Zu diesem Zeitpunkt können Sie beginnen, über etwas zu sprechen, das Sie beschäftigt, aber vergessen Sie nicht, dass Schweigen und lange Pausen mindestens ebenso wertvoll für eine Beziehung sind wie der Austausch von Wörtern.

*

Eine gute Gelegenheit, die Stabilität der Beziehung zu Ihrem Bonuskind zu testen, ergibt sich, wenn Ihr Partner mal für ein paar Tage von zu Hause fort muss. Gehen Sie zuerst zu dem Kind und sagen Sie ihm, dass sein Vater

Ein guter Kontakt ist nicht immer harmonisch.

oder seine Mutter für ein paar Tage verreisen muss und Sie Lust hätten, »Kindermädchen« zu spielen. Dann erübrigen sich auch alle möglichen komplizierten Verabredungen mit dem biologischen Vater oder der biologischen Mutter. Sagt das Kind Ja, ist der halbe Sieg bereits errungen. (Sagt es Nein, muss das nicht gegen Sie gerichtet sein, sondern ist vielleicht der Loyalität gegenüber dem Elternteil geschuldet, dessen Platz Sie übernommen haben.)

Ein guter Kontakt ist nicht immer harmonisch. Je enger der Kontakt ist, desto häufiger entstehen Konflikte. Wenn Sie hingegen das Gefühl haben, sich in Bezug auf Ihr Bonuskind »wie auf Eiern« bewegen zu müssen, ist die Zeit reif für ein ernsthaftes Dreiecksgespräch zwischen Ihnen, dem Kind und Ihrer Partnerin. Ein Gespräch, in dem Sie von Ihren Gedanken und Erfahrungen erzählen müssen. Vielleicht haben Sie Pech und sind an einen Partner geraten, der findet, dass Kinder permanent froh, glücklich und zufrieden sein sollten. In diesem Fall wartet eine lange und harte Arbeit auf Sie, um allen in der Familie zu ihrem Platz zu verhelfen und für frische Luft zu sorgen.

Es kann sein, dass Sie vorangehen müssen, um einen neuen Ton in der Familie zu etablieren, und das tun Sie am besten, indem Sie die Konflikte mit Ihrem Bonuskind so offen wie möglich angehen. Das fördert nicht unbedingt Ihre spontane Beliebtheit, doch auf längere Sicht wird es eine Befreiung für alle sein. Vergessen Sie nie, dass Sie ein vollwertiges und gleichwürdiges Mitglied der Familie sind, auch wenn die anderen biologisch miteinander verknüpft sind und eine längere gemeinsame Geschichte haben.

Als »Neuling« in der Familie sollten Sie das Prinzip beherzigen: Handeln ist besser als verhandeln. Vertreten Sie das, woran Sie glauben und wofür Sie einstehen können, ohne zu verlangen, dass Ihr Partner dasselbe tut – auch im Verhältnis zu seinen Kindern. Das ist sehr viel konstruktiver für die ganze Familie, als ewige Diskussionen über Kindererziehung zu führen, und trägt dazu bei, anstelle eines künstlichen oder einstudierten Verhaltens einen echten Kontakt herzustellen. Das bedeutet nicht, dass Diskussionen und Dialoge über Wertvorstellungen und Prinzipien nicht auch der Familie zugute kommen, aber machen Sie kein Forum daraus, das Ihnen erst die Erlaubnis erteilen muss, Sie selbst sein zu dürfen.

Wahrscheinlich wird sich Ihr Verhalten im Lauf der Zeit verändern, doch diese Veränderung sollte Ihren persönlichen und Ihren gemeinsamen Erfahrungen entspringen. Sie sollte weder das Ergebnis intellektueller Erpressung noch Ihrer Angst geschuldet sein, die Liebe und den

Persönliche Integrität macht sich am Ende immer bezahlt.

Kontakt zu Ihrer Partnerin oder ihren Kindern zu verlieren. Persönliche Integrität macht sich am Ende immer bezahlt, auch wenn wir zwischenzeitliche Isolation und Einsamkeit in Kauf nehmen müssen. Das gilt nicht nur für Bonusfamilien.

Von Stiefeltern zu erwachsenen Freunden

Ich denke, ich übertreibe nicht, wenn ich feststelle, dass Kinder und Jugendliche nichts Schlimmeres kennen als Stiefeltern, die ihre »Elternmuskeln« spielen lassen und in die Rolle des Erziehers schlüpfen. Deshalb schlage ich vor, dass Ihr Partner dieses Kapitel ebenfalls liest und Sie sich beide genug Zeit nehmen, um über Ihre Erwartungen, »Forderungen« und Ihre Vorstellungen und mentalen Bilder zu reden, bevor Sie zusammenziehen. (Spätestens aber nach dem ersten ernsthaften Konflikt zwischen Ihnen und Ihrem Bonuskind.)

*

Vor allem die Frauen haben in den letzten drei Jahrzehnten veränderte Forderungen und Erwartungen an ihren neuen Partner und seine Funktion in der Familie gestellt. Oft geht es dabei um »Verantwortung«. Aber was ist in diesem Zusammenhang eigentlich mit Verantwortung gemeint? Dieser Ausdruck wird oft von Eltern verwendet, die ihren Erziehungsalltag als enorm anstrengend empfinden, sowohl was all die praktischen Tätigkeiten als auch die Verantwortung als Erzieher betrifft. Sie beklagen die Last, die sie schultern müssen, und sehnen sich nach Entlastung und nach dem Gefühl, ein Team zu sein.

Das hat sehr viele Bonuseltern dazu veranlasst, sich mit Haut und Haar in ihre neue Rolle als Erzieher zu stürzen, doch fast immer geht dies schief. Lassen Sie uns daher ein paar Schlüsselbegriffe genauer ansehen.

Erziehung

Erziehung in ihrer geläufigen Gestalt ist eine Form aktiver Manipulation, die sicherstellen soll, dass Kinder aufwachsen und einigermaßen so werden, wie ihre Eltern es sich vorgestellt haben. Dagegen ist an und für sich nichts einzuwenden, doch machen Kinder nur wirklich mit, wenn die Erziehung auf Grundlage einer wechselseitigen Liebesbeziehung stattfindet. Eine solche zu etablieren nimmt in der Regel fünf Jahre in Anspruch, falls es überhaupt geschieht. (Denken Sie nur daran, wie skeptisch und empfindlich Sie sind, wenn jemand Sie kritisiert oder grundsätzlich ändern will. Kindern geht es genauso.)

Wenn Sie beginnen, in die Rolle des Erziehers zu schlüpfen, bekommen Sie vielleicht Folgendes vom Kind zu hören:

»Du bist nicht mein Vater/meine Mutter!«
»Meine Mama kocht besseres Essen als du!«
»Mein richtiger Vater ruft bestimmt morgen an.«

Das bedeutet »Hau ab und lass mich in Ruhe!«, und man tut gut daran, dieser Aufforderung nachzukommen. Sie bedeutet, dass Sie die Grenzen des Kindes überschritten haben und in seinen privaten Raum eingedrungen sind, zu dem nur seine biologischen Eltern Zutritt haben – sofern sie liebevoll und empathisch sind. Wenn Sie diese Aufforderung überhören oder ignorieren, wird das Kind irgendwann dazu übergehen, auch Ihre persönliche Integrität zu kränken, womit ein typischer Teufelskreis in Gang gesetzt

Respektieren Sie die Grenzen des Kindes.

ist, gegen den keine Erziehungsmethode der Welt etwas ausrichten kann. Die einzigen Gegenmittel sind Ihr Verantwortungsbewusstsein, Ihre Selbstdisziplin sowie Wille und Fähigkeit, eine andere »Sprache« zu erlernen.

*

Doch zunächst ein paar Bemerkungen zum Begriff der Erziehung. Das, was Eltern für Erziehung halten, wenn sie sozusagen in die Erzieheruniform schlüpfen, hat nur selten einen konstruktiven Einfluss auf das Verhalten ihrer Kinder. 90 Prozent aller Erziehung findet »zwischen den Zeilen« statt, geschieht also durch die Art und Weise, wie Eltern ihre Kinder behandeln, wie sie mit Freunden und Bekannten, mit Verkäuferinnen, Busfahrern, den eigenen Eltern und Geschwistern, Pädagogen und Lehrern umgehen. Durch die Art und Weise, wie sie gegenseitige Konflikte lösen. Wie sie essen, sich kleiden, über andere Menschen reden und arbeiten. All das erzieht und formt die Kinder, zusätzlich zu dem, was sie außerhalb ihrer Familie erleben.

Das ist eine alte Wahrheit, doch zugleich eine gute Nachricht für alle Bonuseltern. Sie bedeutet nämlich, dass Sie gar nicht erst den Erzieher »spielen« müssen, um Eindruck auf Ihre Bonuskinder zu machen und die Stimmung in Ihrer neuen Familie zu beeinflussen. Dennoch werden Sie vermutlich folgende Fragen stellen: »Was soll ich denn tun, wenn die Kinder meines Partners sich bei Tisch so schlecht benehmen, dass ich die Lust verliere, mit ihnen zusammen zu essen?« Oder: »Was soll ich machen, wenn meine Partnerin wegen ihrer Scheidung so starke Schuldgefühle hat, dass sie ihrer Tochter nun überhaupt keine Grenzen mehr setzt?«

Die Antwort auf die erste Frage lautet, dass Sie nichts anderes tun können, als dem Kind freundlich (nicht zuckersüß oder pädagogisch, sondern mit normaler Freundlichkeit) in die Augen zu blicken und zu sagen: »Ich mag es nicht, wenn du so isst. Könntest du mir zuliebe damit aufhören?« Auf diese Weise machen Sie deutlich, wo Ihre eigenen Grenzen liegen, ohne diejenigen des Kindes zu verletzen – das macht Eindruck auf jedes Kind, auch wenn es ein paar Tage dauern kann und mehrere Wiederholungen nötig sind, ehe sich ein Effekt einstellt.

Die Antwort auf die zweite Frage lautet, dass es nichts nützt, wenn Sie die grenzenlose Nachgiebigkeit des Vaters oder der Mutter zu kompensieren versuchen, indem Sie besonders streng sind. Ebenso wenig nützt es

Machen Sie Ihre eigenen Grenzen deutlich, ohne die des Kindes zu verletzen.

dem Kind, Ihre Integrität zu verletzen, um die Trauer über die Scheidung seiner Eltern zu überwinden. Darum erfordert diese Situation ein Gespräch der Erwachsenen – ein Gespräch, das besonders viel Takt und Empathie verlangt, da sich in der grenzenlosen Nachgiebigkeit, die sowohl dem Kind als auch der Paarbeziehung schadet, die Liebe Ihres Partners zu seinem Kind manifestiert.

Laden Sie Ihre Partnerin zu einem Gespräch ein und sagen Sie ihr, was Sie auf dem Herzen haben, aber vermeiden Sie jeden generellen Streit über Kindererziehung. Es geht nicht um richtige oder falsche Kindererziehung, sondern darum, wie wir Menschen uns gegenüber Schmerz und Schuld verhalten.

Dieser Prozess kann eine geraume Zeit in Anspruch nehmen, und ein glückliches Ende ist nicht garantiert. Das Beste, was Sie tun können, ist, Ihre eigenen Grenzen und Begrenzungen in Ihrem Verhältnis zum Kind deutlich zu machen. Das macht Sie nicht automatisch beliebt, doch auf lange Sicht wird Ihre Beziehung von gegenseitigem Respekt statt von gegenseitiger Manipulation geprägt sein. Es ist Ihre individuelle Präsenz in der Familie, die den größten Einfluss ausübt – ob der Einfluss nun konstruktiv oder destruktiv ist.

Vielleicht haben Sie selbst Kinder und finden, dass Sie mehr Glück gehabt haben als Ihr Partner. Aber seien Sie vorsichtig mit allen Vergleichen! Vielleicht sind Sie eine Supermutter oder ein Supervater für Ihre eigenen Kinder, doch die Kinder Ihres Partners sind anders, haben andere Eltern und eine ganz andere Geschichte.

Verantwortung und Aufgaben

Sofern Ihr Bonuskind kein Säugling oder Kleinkind ist, das seinen biologischen Vater oder seine biologische Mutter verloren oder keinen Kontakt zu diesen hat, werden Sie auf Probleme stoßen, wenn Sie versuchen, »sich die Verantwortung für das Kind zu teilen«, wie es oft heißt. Selbst in der Kernfamilie, in der beide Eltern zu 100 Prozent verantwortlich sind, gelingt das nur sehr selten. In den meisten Familien ist es immer noch so, dass die Mutter die gesamte Verantwortung trägt und der Vater ihr mehr oder minder behilflich ist, d.h. gewisse Aufgaben übernimmt, die mit dem Alltag und Wohlergehen des Kindes zu tun haben.

Einst haben wir geglaubt, dass es vor allem die alleinerziehenden Mütter wären, die sich an die Verantwortung – und damit an die Macht – klammern, aber die Entwicklung hat gelehrt, dass dies ebenso für alleinerziehende Väter gilt. Daran ist an sich nichts Falsches oder Gefährliches, solange derjenige, der die Verantwortung trägt, dem anderen kein verantwortungsloses Verhalten vorwirft und sich damit zum Opfer einer Bürde macht, die er selbst gewählt hat. Es geschieht öfter, als man vielleicht glauben sollte, dass Bonusmütter nach mehreren Jahren enttäuscht und verbittert sind. Sie haben all ihre Energie und Liebe in die neue Familie investiert und endeten als Hausfrauenersatz. Dasselbe passiert Männern, die großzügig die Rolle des Hauptversorgers ihrer neuen Familie übernehmen. Betrachten Sie dies als weiteren Grund, sich von Anfang an – bevor Sie zusammenziehen! – über Ihre Erwartungen und Rollenvorstellungen auszutauschen.

*

Wenn man ein Bonusvater oder eine Bonusmutter geworden ist, wird einem vielleicht zum ersten Mal klar, dass all die kleinen und großen Aufgaben, die das Zusammenleben mit einem Kind mit sich bringen, eine Perlenkette von Privilegien sind: die Erlaubnis zu bekommen, ein Schulbrot zu schmieren, das Kind ins Bett zu bringen, mit ihm zum Fußball oder ins Kino zu gehen, es vor dem Fernseher im Arm zu halten, ihm beim Mittagessen den Teller zu füllen, beim Gang auf die Toilette zu helfen, Elternabende in Kindergarten und Schule zu besuchen und all die anderen Dinge, die im Bewusstsein der Eltern oft nur als lästige Pflichten gelten. Jede dieser Aufgaben, die Sie übernehmen dürfen, ist ein Vertrauensbeweis und ein Ritterschlag. Denken Sie daran, das Kind in den Arm zu nehmen und ihm für sein Vertrauen zu danken!

Freundschaft

Wenn ich in diesem Zusammenhang von »Freundschaft« spreche, meine ich damit nicht eine Beziehung von Gleichaltrigen, doch ein erwachsener Freund – sozusa-

Bringen Sie sich als erwachsener Freund in die Familie ein, nicht als Erzieher.

gen eine Art Bonuserwachsener – ist für jedes Kind ein ungeheurer Gewinn. Im Übrigen auch für Kinder, deren Eltern zusammenleben.

Bonuseltern haben die Aufgabe, ihre Freundschaft anzubieten. Nicht indem sie sagen: »Ich möchte gerne dein Freund sein«, sondern indem sie sich selbst, ihre Gedanken, Erfahrungen, Erlebnisse, Gefühle, ihre Träume und ihre Ratlosigkeit zur Verfügung stellen. Zunächst sollte man das Kind vorher um Erlaubnis bitten, zum Beispiel: »Da gibt es etwas, worüber ich nachgedacht habe und das ich dir gern erzählen würde. Hast du einen Moment Zeit?« Kinder im Vorschulalter haben fast nie sofort Zeit. In diesem Fall müssen Sie also warten, bis sich eine andere Gelegenheit bietet. Ältere Kinder reagieren am Anfang oft ablehnend, doch wenn sie erleben, dass Sie dies respektieren, werden sie mehr als willig auf Ihren zweiten oder dritten Versuch eingehen.

*

Es ist wichtig, dass Sie sich selbst in die neue Familie mit einbringen. Dass Sie versuchen, sich treu zu bleiben – mit allen kurzfristigen Vor- und Nachteilen, die das mit sich bringt. Dass Sie Ihre Grenzen markieren, Ihre Präferenzen, Meinungen und Überzeugungen zum Ausdruck bringen. Und zwar nicht, indem Sie die anderen belehren oder lange Vorträge halten, sondern still und ruhig, ganz wie es sich aus dem jeweiligen Zusammenhang ergibt. Auf diese Weise gewinnt das Kind ein klares Bild und fasst Vertrauen zu Ihnen, wenngleich Ihre unmittelbare Popularität dadurch nicht unbedingt steigen muss. Denken Sie stets daran, dass Sie eine Freundschaft fürs Leben entwickeln und keinen Fanklub bei Facebook gründen.

*

Der schnellste Weg, die Freundschaft eines Kindes zu erlangen, ist durch das Spiel. Falls Sie gern spielen, dann tun Sie es so viel wie möglich. Andernfalls haben Sie einen etwas längeren Weg vor sich. Im Verhältnis zu

Schulkindern und Jugendlichen sind Geduld, Respekt und Vertrauen gefragt (vor allem, wenn Sie der Ansicht sind, sie hätten es nicht verdient!).

Nehmen wir einmal an, Sie haben sich dazu hinreißen lassen, den Erzieher zu spielen. Das Kind reagiert abweisend, vielleicht sogar aggressiv. Ein typischer Erzieher würde das Kind spontan für dieses Verhalten kritisieren, wohingegen ein erwachsener Freund sagt: »Tut mir leid. Ich sehe, dass ich dich verletzt habe. Lass mich darüber nachdenken, wie ich es anders sagen kann.« Dasselbe könnten biologische Eltern natürlich auch sagen, aber die denken oft gar nicht darüber nach, ehe sie damit fortfahren, ihre Kinder zu kränken, als sei nichts geschehen.

Betrachten Sie Ihre gegenwärtigen oder künftigen Bonuskinder und fragen Sie sich, ob Sie ihr erwachsener Freund sein wollen. Lautet die Antwort »vielleicht« oder »nein«, erwarten Sie ein paar schwierige Gespräche mit Ihrem Partner, die Ihre Liebe auf eine ultimative Probe stellen.

Nummer zwei in der Rangfolge des Partners

Alle biologischen Väter erleben dasselbe, wenn das erste Kind geboren wird: Sie werden zur Nummer zwei auf der persönlichen Hitliste der Mutter beziehungsweise ihrer Partnerin degradiert. Frauen bleibt dieses Erlebnis

> **Es ist sinnlos, mit den Kindern um den ersten Platz konkurrieren zu wollen.**

erspart – bis sie Bonusmütter werden. Ob Sie nun Mann oder Frau sind: Sie müssen sich darauf einstellen, dass die Kinder Ihres Partners/Ihrer Partnerin die Hauptrolle in seinem/ihrem Leben spielen. Das, was Ihr Partner als notwendige Rücksichtnahme auf seine Kinder ansieht, wird stets erste Priorität haben. Es ist sinnlos, mit ihnen um den ersten Platz zu konkurrieren. Sie haben bereits mit ihrer Geburt, spätestens aber im Moment der Scheidung gewonnen.

Es gibt jedoch Ausnahmen. Vor allem alleinstehende Väter sind oder fühlen sich mitunter so hilflos und inkompetent, dass sie mit großer Freude sämtliche Verantwortung an ihre neue Partnerin abtreten. Doch werden diese Fälle immer seltener, da sich die Väter zunehmend engagieren und zu aktiven und kompetenten Teilnehmern am Leben ihrer Kinder werden.

Unterschiedliche Sichtweisen, unterschiedliche Prioritäten

In gewisser Weise kann man sagen, dass Ihr Partner für einige Jahre mehr mit seinen Kindern als mit Ihnen »verheiratet« sein wird. Viele Väter haben im Lauf der Zeit die Erfahrung gemacht, dass sich Elternliebe fundamental von der erotischen Liebe zwischen Mann und Frau

Stellen Sie sich darauf ein, dass die Kinder auf der Prioritätenliste Ihrer Partnerin an erster Stelle stehen.

unterscheidet und dass es daher auch keinen Grund zu Konkurrenzdenken und Eifersucht gibt. Dennoch kommt es zu Momenten, in denen man das Interesse und die Fürsorge seiner Partnerin vermisst und sich nicht genug geachtet fühlt. Aber so ist das eben – basta! Sie sind der Mann oder die Frau, die Ihr Partner sich ausgesucht hat, aber Sie sind nicht das Allerwichtigste in seinem Leben.

Das bedeutet unter anderem, dass vor allem die andersgeartete Sichtweise, die Sie auf die Kinder Ihres Partners haben mögen, mit größter Sorgfalt gehandhabt werden sollte, auch wenn Sie sich deshalb nicht den Mund verbieten müssen. Zum einen müssen Sie Rücksicht auf die Gefühle Ihres Partners für seine Kinder nehmen, zum anderen Ihren eigenen Gesichtspunkten Raum und Geltung verschaffen.

Wenn Sie zu schnell vorangehen oder zu kritisch sind, werden Sie disqualifiziert, und es ist sehr schwierig und zeitraubend, sich erneut zu qualifizieren, ohne ein rückgratloser Jasager zu werden.

Ihre Partnerin bedarf ebenso sehr eines Sparrings und Feedbacks, wie sie dies von dem biologischen Vater der Kinder nötig hätte, doch die Erfahrung, alleingelassen zu werden, ist bei Geschiedenen oft so tief verwurzelt, dass sie manchmal selbst auf die liebevollsten und wohlmeinendsten Kommentare überempfindlich reagieren. Da Ihr Partner jedoch kein Stoppschild um den Hals trägt, müssen Sie es in Kauf nehmen, hin und wieder abgewiesen zu werden.

Sie werden zum Beispiel oft in Situationen geraten, in denen Sie Lust auf ein persönliches Gespräch, auf ein bisschen Zeit zu zweit oder auf spontane Liebe und Zärtlichkeit haben, während Ihrer Partnerin die Wünsche oder Bedürfnisse der Kinder in diesem Moment wichtiger sind.

In solchen Situationen ist es vollkommen in Ordnung, seinen Partner in den Arm zu nehmen und zu sagen: »Ich vermisse dich.« Allerdings sollten Sie sich vor Bemerkungen hüten wie: »Dem Jungen tut so viel Aufmerksamkeit doch gar nicht gut.« Oder: »Herrgott, du verziehst die Kleine doch völlig! Kannst du dich nicht mal ein bisschen entspannen?« Außerdem lassen solche Kommentare die erotische Spannung zwischen Ihnen beiden auf Null sinken.

In kaum einer der vielen Rollen, die wir im Leben ausfüllen, sind wir so empfindlich und verletzbar wie in der Elternrolle. Nehmen Sie dies nicht persönlich. Aber nehmen Sie es zur Kenntnis, um nicht die Möglichkeiten zu verspielen, die sich Ihnen beiden bieten, um miteinander ein sinnvolles und erfülltes Erwachsenenleben zu führen.

Je nach Reife und Temperament kann diese Tatsache als fast doppelt so problematisch empfunden werden, falls Ihre Partnerin darauf besteht, auch Zeit und Energie auf ihren Expartner zu verwenden – ganz gleich ob es sich um freundschaftliche Beziehungen oder Machtkämpfe handelt. (Auf dieses Thema komme ich im Kapitel »Die Ex, die Hex« zurück.)

*

Diese Problematik wird in der Regel entschärft, wenn Sie selbst Kinder haben, die ebenfalls in die neue Familie integriert werden müssen. Ein wenig einfacher wird es auch dann, wenn Sie ein gemeinsames Kind bekommen, doch summa summarum ist dieses Phänomen für beide

Geschlechter eine wichtige Reifeprüfung. Falls Sie diese bestehen, können Sie Ihre Energie auch wieder auf das richten, was am Anfang stand: die Paarbeziehung und Ihre Fähigkeit, diesen Mann oder diese Frau so zu lieben, dass keiner von Ihnen gezwungen ist, faule Kompromisse einzugehen.

Wenn es nicht (gleich) gelingt

Das Leben verläuft nur selten wie geplant oder vorausgesehen, und der hormonelle Anstieg, der jede ordentliche Verliebtheit für ein paar Jahre am Leben erhält, überwindet nicht alle Hindernisse. Normalerweise mache ich nicht so gern Reklame für meine eigene Profession als Familientherapeut, doch möchte ich hier eine Ausnahme machen und vorschlagen, dass Sie Kontakt zu einem Familientherapeuten aufnehmen, dem Sie

Je festgefahrener ein Konflikt, desto schwerer ist er zu lösen.

beide vertrauen. Führen Sie ein paar Gespräche und halten Sie sich die Möglichkeit offen, ihn in den ersten ein, zwei Jahren, nachdem Sie zusammengezogen sind, regelmäßig zu konsultieren. Festgefahrene Konflikte sind sehr viel schwerer zu lösen.

Warum Sie sich Unterstützung suchen sollten

Ich mache diesen Vorschlag aus zwei Gründen. Der erste Grund besteht darin, dass Sie und/oder Ihr Partner bereits mindestens ein »Fiasko« hinter sich haben und nicht mehr viel dazugehört, um Sie beide ernsthaft an Ihrem Wert als Partner oder sogar als Mensch zweifeln zu lassen. Zum Zweiten ist unsere ererbte Kompetenz als Bonuseltern sehr gering – so gering, dass es naiv wäre zu glauben, man könne das einfach. Daher könnte es eine vernünftige Investition sein, sich mit einem Experten zu beraten, um den größten Problemen sogleich den Wind aus den Segeln zu nehmen. Betrachten Sie Ihre Familie als neues und spannendes Projekt, dessen einzelne Teilnehmer nicht von vornherein bestens qualifiziert sind. Das macht es sehr viel einfacher, über Dinge zu sprechen, die nicht optimal sind.

*

Es kennzeichnet uns Menschen, dass unser tatsächliches Verhalten unserer intellektuellen Einsicht und Selbsteinsicht weit hinterherhinkt. Dessen brauchen wir uns nicht zu schämen, aber wir tun es trotzdem, wenn es ein geliebter Mensch ist, der die Kluft zwischen Theorie und Praxis aufdeckt. Meist ist es besser, dies geschieht durch einen Außenstehenden, der emotional vollkommen unbelastet ist.

Ich brauche wohl nicht zu betonen, dass diese Möglichkeit auch dem Wohlergehen der Kinder zugute kommt. Nehmen Sie sie mit, wenn sie ein Teil des Problems sind, und ich garantiere Ihnen, dass ihre Liebe und ihr Vertrauen zu Ihnen beiden wachsen wird. Nach ein oder zwei Jahren haben Sie alle so viel gelernt, dass Sie nur noch in Notsituationen auf Hilfe von außen angewiesen sind.

Krisenlagen

In jeder Liebesbeziehung entstehen verschiedene Arten von Krisen, und Bonuseltern sind besonders von zwei Typen betroffen. Der erste Typus handelt von den Kindern Ihres Partners, die vielleicht körperlich behindert sind, an einer chronischen Krankheit leiden oder eine psychiatrische Diagnose gestellt bekommen haben. Wenn wir diesen Kindern und ihren Vätern oder Müttern begegnen, erleben wir sehr stark, wie kraftraubend der Alltag sein kann, und mit unserer Verliebtheit geht der Drang einher, zu helfen und eine Stütze zu sein. Wir verspüren genug überschüssige Energie, um mit dieser Aufgabe fertig zu werden. Doch angesichts der Belastungen des Alltags müssen wir oft einsehen, dass wir weniger Kraft haben, als wir glaubten. Abgesehen von der schmerzhaften persönlichen Niederlage ist dies auch für den Partner eine bittere Erkenntnis. Er fühlt sich allein gelassen – vielleicht zum zweiten Mal –, und das Kind wird in seiner Erfahrung bestätigt, dass es ja doch nur eine Belastung für andere Menschen ist.

Der andere Krisentypus entsteht, wenn sich zeigt, dass der Expartner Ihres Partners einen enorm destruktiven Einfluss auf Ihr Alltagsleben hat. Nicht nur in emotionaler Hinsicht, sondern auch dergestalt, dass Ihre Entscheidung füreinander und eine eigene Familie massiv torpediert wird und konstruktive Entscheidungen kaum noch möglich sind. Falls dies der Fall ist, kann ich Ihnen nur energisch raten, sich professionelle Hilfe zu holen. Wenn Sie selbst die Rolle des Problemlösers einnehmen wollen, geraten Sie mit hoher Wahrscheinlichkeit in ein Mischmasch aus psychologischem und juristischem Treibsand, der jede Liebe erstickt.

Oft erweist es sich als hilfreiche Unterstützung und Quelle der Inspiration, sich ein Netzwerk von Menschen zu schaffen, die ebenfalls Bonuseltern sind. Auch wenn es wahr ist, dass wir kaum von den Erfahrungen anderer

Schaffen Sie sich ein Netzwerk.

lernen können, sind uns diese meist mehr von Nutzen, als es die Erfahrungen unseres Partners sein könnten. Probleme und Konflikte in unserem persönlichen Leben haben zur Folge, dass wir uns einsamer in der Welt fühlen, als wir es in Wirklichkeit sind.

Stütze, Inspiration und Sparringspartner

Ihre Rolle als Bonusvater oder Bonusmutter gleicht in vieler Hinsicht der Rolle des Partners in der normalen Kernfamilie. Ein wichtiger Unterschied besteht allerdings darin, dass Ihr Partner im Verhältnis zu seinem

Unterschätzen Sie nicht den positiven Einfluss, den Sie ausüben können.

eigenen Kind mehr Macht hat als Sie und diese Macht oft mit seinem Expartner teilen muss. In der Praxis bedeutet das zwar, dass Sie nur wenige Entscheidungen treffen können, doch Ihr Einfluss wird dadurch nicht beschränkt. Die Welt ist voller Geschichten vom negativen Einfluss, den »böse« Stiefmütter oder Stiefväter auf die Kinder ausüben – die Möglichkeiten, einen positiven Einfluss zu nehmen, sind natürlich ebenso groß, auch wenn es nicht viele Geschichten darüber gibt.

Verhalten im Konfliktfall

Die Rolle als Bonusmutter und Bonusvater ist einfach, solange das Kind im Leben gut zurechtkommt und die Eltern sich vernünftig verhalten, was leider nicht immer der Fall ist. In den meisten Eltern-Kind-Beziehungen gibt es Phasen, in denen es »knirscht«, in denen die Kommunikation misslingt, in denen die Stimmung in der Familie schlecht, angestrengt und disharmonisch ist und Sie dazu neigen, Ihr Bonuskind als Belastung Ihrer Paarbeziehung anzusehen.

Auch werden Sie es erleben, dass Ihr Partner als Vater oder Mutter Seiten von sich offenbart, die Sie direkt unsympathisch finden. Selten sind wir als Menschen nackter und schutzloser, als wenn wir als Eltern den Halt verlieren.

Das Wichtigste ist, dass Sie sich nicht auf eine Seite schlagen (sofern Sie nicht sowieso Bestandteil des Konflikts sind). Es geht nicht darum, sich gegenüber Ihrem Partner oder seinem Kind solidarisch zu erklären, sondern darum, dass Sie als Erwachsener mitverantwortlich sind für die Stimmung, den Ton und die Atmosphäre in der Familie.

Tragen Sie zu einer respektvollen, offenen Gesprächsatmosphäre bei.

Dieser Verantwortung werden Sie am ehesten in der Rolle des Vermittlers gerecht, und eigentlich könnten Sie sich mit folgender Erklärung in der Familie einführen:

»Ich will für keinen von euch Partei ergreifen, doch wenn ihr selbst keinen Ausweg findet, will ich euch helfen, dass ihr wieder zusammenfindet.«

Beispiel

Sie sitzen beim Abendessen, und Ihre Bonustochter fragt ihre Mutter, ob sie am nächsten Tag bei einer Freundin übernachten darf. Als Antwort bekommt sie ein rasches, grobes Nein. Das Mädchen reagiert mit Zorn und Tränen:

»Warum sagst du immer Nein? Ich darf nie irgendwas, wenn ich hier bin, weil du immer alles bestimmen willst. Es ist viel besser, bei Papa zu wohnen!«

Angesichts einer solchen Entgegnung ist es für eine Mutter sehr schwierig, ihre Worte mit Bedacht zu wählen. Daher wird die Antwort vielleicht so ausfallen:

»Jetzt bist du wirklich ungerecht. Es stimmt doch gar nicht, was du sagst, und das weißt du genau. Außerdem habe ich keine Lust mehr, mir ständig anzuhören, wie toll dein Vater ist. Du bleibst morgen zu Hause und damit basta!«

Warten Sie, bis ein paar Minuten der Stille eingekehrt sind oder mischen Sie sich mit folgenden Worten in den Disput ein:

»Jetzt habt ihr euch beide in Rage geredet. Darf ich euch helfen?«

»Dann kannst du erst mal meiner Mutter erzählen, dass ich auch Zeit für meine Freundinnen brauche.«

Woraufhin die Mutter vielleicht einwirft:

»Du hast jede Menge Zeit für deine Freundinnen, und in jedem Fall sollst du mir ordentlich antworten, wenn wir weiter darüber reden sollen!«

Der Reaktionen der Kinder sind stets von Bedeutung – auch wenn wir das nicht immer gleich erkennen. Deshalb wäre es eine gute Idee, erst einmal auf die Tochter zuzugehen:

»Bist du so zornig, weil deine Mutter Nein gesagt hat, oder darüber, wie sie es gesagt hat?«

»Warum muss sie immer gleich so sauer werden? Ich hab doch nur gefragt.«

»Warst du sauer?« (an die Mutter).

»Nein, überhaupt nicht. Ich möchte nur gern mit ihr zusammen sein, wenn sie endlich hier ist.«

»Vielleicht solltet ihr mal darüber reden. Dass sie gerne Zeit mit ihren Freundinnen verbringen möchte und du gern Zeit mit ihr verbringen möchtest. Das Problem müsste sich doch lösen lassen.«

Oft reicht eine kurze Intervention wie diese, um die Gemüter zu beruhigen. Den Rest können Mutter und Tochter allein erledigen. Sie sollen nicht die Verantwortung für ihren Konflikt übernehmen, sondern ihnen nur helfen, zurück in die Spur zu finden. Wenn dies nicht gelingt, können Sie erneut Ihre Hilfe anbieten, müssen jedoch akzeptieren, wenn dies abgelehnt wird.

Sie müssen sich mit Ihrem Partner jedoch darüber darin einig sein, dass Sie diese Rolle übernehmen sollen. Wenn der Sturm tobt, werden Sie die widersprüchlichsten Botschaften erhalten, also brauchen Sie im Voraus die Genehmigung beider Parteien. Dennoch wird es zu Situationen kommen, in denen Ihnen beide zu verstehen geben, dass Sie sich heraushalten sollen, was Sie dann natürlich auch tun müssen.

*

Ein altes Sprichwort sagt, man solle das Eisen schmieden, solange es heiß ist. Was Konflikte in Liebesbeziehungen betrifft, sollte man jedoch abwarten, bis sich das Eisen wieder abgekühlt hat. Ein kaltes Eisen lässt sich zwar nicht formen, aber ein kühler Kopf kann besser denken. Das bedeutet, dass Sie Ihrer Partnerin ein Feedback anbieten können, wenn die Atmosphäre sich wieder normalisiert hat. Denken Sie aber daran, dass dies nur ein Angebot ist, das sie auch ablehnen kann. Je mehr Respekt Sie vor der Verwundbarkeit Ihres Partners als Mutter oder Vater zeigen, desto mehr wird Ihre Beziehung dadurch gestärkt werden.

*

Einige Eltern, die über einen längeren Zeitraum allein mit einem oder mehreren Kindern zusammengelebt haben, verspüren ein so enormes Bedürfnis nach Raum und Zeit für sich selbst, dass sie sich auf Kollisionskurs mit Ihrem Bedürfnis nach gemeinsamer Zeit befinden. Auch wenn Ihre Gefühle protestieren, sollten Sie Ihrem Partner zu dieser Zeit für sich selbst verhelfen. Je mehr Sorge er oder sie für sich selbst trägt, desto besser wird auch Ihre Partnerschaft funktionieren.

Alle Liebesbeziehungen pendeln zwischen Zusammengehörigkeit und Autonomie. Ist das Bedürfnis nach Zusammengehörigkeit gesättigt, entsteht der Drang nach Autonomie und umgekehrt. Es wäre sehr einfach, wenn wir diese Bedürfnisse synchronisieren könnten, doch den meisten Paaren gelingt dies nur ausnahmsweise.

Die Tatsache, dass Ihr Partner diesen Bedürfnissen gleich in zwei elementaren Beziehungen nachkommen muss, macht es natürlich für niemanden einfacher, aber so sind nun einmal die Bedingungen in dieser Art von Familie, die Sie sich ausgesucht haben. (Mehr dazu finden Sie z.B. in dem Buch *Nein aus Liebe.*)

*

Einer der problematischeren Aspekte der Liebe besteht darin, dass wir es kaum ertragen, unseren Geliebten leiden zu sehen. Männer reagieren oft darauf, indem sie Lösungen anbieten, Frauen, indem sie die Verantwortung übernehmen. Beide Herangehensweisen schaffen mehr Konflikte, als sie lösen.

Falls Sie glauben, es sei das Beste für alle Seiten, dass Sie für eine gewisse Zeit die Verantwortung übernehmen, müssen Sie sich vergewissern, dass Ihr Partner auch gewillt ist, für eine gewisse Zeit loszulassen.

*

Zum Zeugen aufreibender Konflikte zwischen Eltern und Kindern zu werden, wenn man selbst findet, alles könne im Grunde so einfach sein, ist nahezu unerträglich. Doch oft bedarf es vieler Wiederholungen und schmerzhafter Erfahrungen, ehe beide Seiten einen Weg aus der Krise finden. Wenn Sie das nicht ertragen können, riskieren Sie, in der Rolle desjenigen zu enden, der »so wahnsinnig klug ist und trotzdem keine Ahnung hat«.

Menschen sind so verschieden, dass es eine gute Idee ist, über dieses Thema zu reden, bevor Sie zusammenziehen. Das beugt nicht allen Konflikten vor, verschafft Ihnen aber eine gemeinsame Basis, auf die Sie sich beziehen können. Finden Sie heraus, was Sie beide als hilfreich und konstruktiv empfinden, und vergleichen Sie dies mit Ihren früheren Erfahrungen.

Eines der wunderbarsten Dinge an der Verliebtheit ist ja, dass sie vollkommen irrational ist und uns Dinge tun lässt, die uns sonst nie einfielen oder die wir uns nicht trauen würden. Alter und Erfahrung sorgen für eine nüchternere Einschätzung, die wie ein justierender Faktor im Hintergrund wirkt.

Bei der Gründung einer Bonusfamilie ist eine gewisse Portion Nüchternheit und Rationalität gefragt, die nicht recht zu dem überschwänglichen Gefühl der Liebe zu passen scheint, die dem Wachstum und Wohlergehen der neuen Familie aber fraglos zugute kommt.

Deine Kinder, meine Kinder und unsere Kinder

Die Stieffamilie, Bonusfamilie oder Patchworkfamilie unterscheidet sich von der biologischen Kernfamilie in einem wesentlichen Punkt: Es existiert nicht zwischen all ihren Mitgliedern eine Liebesbeziehung. Es ist wichtig, sich das bewusst zu machen, weil die Kernfamilie immer noch eine Schablone für unsere Träume, Ziele und Fantasien abgibt. Es sind die Erinnerungen und Wünsche an die Kernfamilie, mit der wir unsere zusammengesetzte Familie vergleichen, und diesem Vergleich kann sie nicht standhalten.

Ein komplexes System an Liebesbeziehungen

Wenn wir das ganze Paket betrachten, so haben wir zunächst zwei Erwachsene, sie sich lieben. Dann haben wir das Liebesverhältnis zweier Eltern zu ihren eigenen, biologischen Kindern und schließlich die Liebe der Eltern zu ihrem gemeinsamen Kind. Es existieren also ggfs. vier verschiedene Liebesbeziehungen, die innerhalb eines einzigen Familiensystems zu ihrem Recht kommen sollen – einem Familiensystem, in dem alle mehr oder minder abhängig voneinander und davon sind, wie die einzelnen Beziehungen funktionieren. Hinzu kommen die engen Beziehungen, die die Kinder zu ihrem anderen Elternteil, eventuell noch zu ihren Bonuseltern und Geschwistern haben – zuzüglich der doppelten Anzahl von Großeltern, Onkeln und Tanten.

Die primäre Energiequelle der Familie ist die gegenseitige Liebe der Erwachsenen.

Das an sich ist schon eine riesige Herausforderung für den menschlichen Sinnesapparat sowie für die Anpassungsfähigkeit und Flexibilität des Einzelnen. Manchen gelingt es, zu sortieren und Prioritäten zu setzen, während andere alle Sinneswahrnehmungen ungefiltert in sich aufnehmen, sich von ihnen beeinflussen und belasten lassen. Die gemeinsamen Kinder sind oft besonders exponiert, aber dasselbe gilt in diesem Fall auch für die Erwachsenen, die dazu neigen, sich für alles verantwortlich zu fühlen und alles kontrollieren zu wollen.

Unabhängig vom Alter muss man lernen, sich entweder in seinen privaten, mentalen oder physischen Raum zurückzuziehen oder sich dem Chaos auszuliefern. Auf jeden Fall muss man der Eltern- und Partnerrolle noch eine weitere hinzufügen: die Rolle des Projektkoordinators, genauer gesagt, der Projektkoordinatoren, denn wenn ein einziger Erwachsener versucht, diese Funktion auszufüllen, hat das zwangsläufig Stress und Überlastung zur Folge.

Beides führt zu unruhigen und frustrierten Kindern und beraubt die primäre Energiequelle der Familie – die gegenseitige Liebe der Erwachsenen – ihrer Kraft und Kreativität.

Das Familientreffen

Deshalb ist es eine gute Idee, sich von Anfang an zwei Mal im Monat zusammenzusetzen. Das eine Mal nehmen alle Familienmitglieder an dem Treffen teil, das andere Mal bleiben die Erwachsenen unter sich. Das erste Familientreffen sollte in den ersten zwei bis drei Jahren nur einen einzigen Tagesordnungspunkt haben: Wie geht es mir zurzeit innerhalb meiner Familie? Das zweite Treffen lässt sich hervorragend mit einem Kinoabend, einem Restaurantbesuch oder einem Spaziergang kombinieren, solange Sie beide ungestört sind. Der erste Punkt auf der Tagesordnung entspricht dem einzigen Tagesordnungspunkt des Familientreffens.

Das mag Ihnen ein wenig künstlich vorkommen, und vermutlich werden Sie jetzt denken: Herrgott, wir sehen uns doch sowieso jeden Tag und reden miteinander! Auch wenn das hoffentlich wahr ist, birgt es ein Risiko zu glauben, die tägliche Gemeinschaft fördere schon alle Misstöne zutage und gebe einem genug Zeit zu entscheiden, welchen man nachgehen sollte und welche von allein wieder verschwinden. Im Folgenden habe ich ein paar erprobte Prinzipien für konstruktive Familientreffen aufgelistet.

Leitung

Die ersten acht bis zehn Male wechseln die Erwachsenen sich mit der Leitung ab, danach können ältere Kinder dies übernehmen, solange die Eltern sie jederzeit unterstützen können.

Regeln

Alle sollen jedes Mal teilnehmen.
Alle sollen bei der ersten Runde etwas sagen (zumindest: »Ich will heute nichts sagen.«).
Wechselnde Paare (ein Erwachsener und ein Kind) sorgen für Tee, Kaffee, Saft, Kekse, Süßigkeiten etc.
Der Leiter der Runde beendet das Treffen, indem er kurz zusammenfasst, was er von jedem Einzelnen gehört hat. Gegebenenfalls lässt er sich korrigieren, ohne erneut mit der Diskussion zu beginnen.

Verlauf

Beim allerersten Treffen beginnt der Leiter mit folgenden Worten: »Wir halten diese Familienrunde ab, weil es für uns wichtig ist zu wissen, wie es allen geht in unserer Familie. Erst wenn wir das herausgefunden haben, wissen wir auch, wie es unserer Familie als Ganzes geht. Ich hoffe, dass sich alle frei genug fühlen, um zu sagen, was sie auf dem Herzen haben – und ich fange an.«

Die ersten Male ist es wichtig, dass die Erwachsenen beginnen und damit den Ton setzen, der zum Standard werden soll. Nach jeder Aussage dürfen klärende Fragen gestellt werden, ohne über den Inhalt der Aussagen zu diskutieren.

Wenn ein Familienmitglied die Möglichkeit nutzt zu erklären: »Ich will heute nichts sagen«, ist es wichtig, das zu respektieren. Wenn ein Mitglied einer Gruppe keine Lust hat sich zu äußern, liegt das fast immer an einer Form der Unsicherheit, und Sicherheit entsteht nur, wenn die einzelnen Mitglieder erfahren, dass sie so sein dürfen, wie sie wirklich sind. Der Gruppenleiter kann gut und gerne einen persönlichen Kommentar loswerden: »Das tut mir leid. Ich hatte gehofft, dass gerade du heute etwas sagen würdest.« Oder etwas vorsichtiger: »Willst du mir sagen, warum?«

Vergessen Sie nicht, dass ein »Nein« ein Ausdruck großer Offenheit ist und sehr viel mehr Mut erfordert als irgendeine gleichgültige Äußerung.

Nachdem jedes Familienmitglied erzählt hat, wie es ihm geht, wird einem klar, wie unterschiedlich Kinder verschiedenen Alters Einladung und Zweck der Runde auffassen. Ein drei- bis vierjähriger Junge wird vielleicht erzählen, was ihn im Augenblick beschäftigt: »Morgen gehe ich zu Simon. Der hat ein neues Trampolin bekommen, auf dem hüpfen wir dann.« Das bedeutet: »Danke, mir geht's gut!«

Ein gleichaltriges Mädchen wird vielleicht sagen: »Sarah ärgert mich die ganze Zeit im Kindergarten. Warum macht sie das?« Das bedeutet: »Mir geht es gut, wenn ich mit euch zusammen bin, aber ich könnte ein bisschen Hilfe wegen Sarah gebrauchen.«

Ein zehnjähriger Junge sagt unter Umständen: »Schule ist bescheuert!« Die Erwachsenen merken sich solch eine Aussage und kommen später darauf zurück, um zu überprüfen, ob etwas Ernsthaftes dahintersteckt.

Seine gleichaltrige Bonusschwester sagt vielleicht: »Warum darf ich nie bei Belinda übernachten!? Die anderen in der Klasse dürfen viel mehr als ich!« Die Erwachsenen merken sich auch diese Äußerungen und kommen entweder im Verlauf der Gesprächsrunde darauf zurück oder überlassen dieses Thema den biologischen Eltern zur weiteren Verhandlung.

Das Charakteristische an diesen Beispielen besteht darin, dass kleinere Kinder nicht so oft über ihre Gefühle

Konzentrieren Sie sich auf den Inhalt, nicht die Form.

reden. Wenn sie sich sicher und gut gelaunt fühlen, platzen sie meist mit dem heraus, was sie im Moment am meisten beschäftigt. Wenn nicht, dann bleiben sie meistens stumm. Deshalb ist es wichtig, dass die Erwachsenen nicht zu große Anforderungen an die Form stellen, sondern sich auf den Inhalt konzentrieren. Diese Flexibilität sollte auch Erwachsenen zugute kommen, wenn sie nicht gleich die richtigen Formulierungen finden.

Nach der Einleitungsrunde erfolgt eine generelle Einladung an alle: »Vielen Dank! Möchte jemand von euch, dass wir mehr über das sprechen, was gesagt wurde?« Kinder wissen oft nicht genau, wie sie diese Einladung verstehen sollen. Also gibt einer der Erwachsenen am besten ein eigenes Beispiel vor: »Ich hatte gesagt, dass ich unsicher bin, in welcher Art ich mich einmischen soll, wenn Nils und Marie sich streiten. Da könnte ich wirklich Hilfe brauchen. Was meinst du, Nils?«

Sie brauchen während dieser Gesprächsrunde nicht alle Themen aufzugreifen und alle Konflikte zu lösen, aber achten Sie darauf, wer dafür verantwortlich ist, am Ball zu bleiben. Vor allem mit Rücksicht auf die Kinder ist es wichtig, dass die Treffen nicht zu lange dauern.

Der Gesprächsleiter fasst am Ende noch einmal alles zusammen und bedankt sich bei den Teilnehmern für ihre Beiträge.

Solche Zusammenkünfte brauchen in der Regel Zeit, um sich zu entwickeln und den Familien anzupassen. Rechnen Sie also damit, dass Sie sich fünf bis zehn Mal zusammensetzen müssen, ehe Sie eine Form und einen Führungsstil gefunden haben, der allen zugute kommt.

Diese Treffen sind eine vorbeugende Maßnahme, weil sie ein Forum bieten, um sich Problemen und Konflikten zu widmen, die sich im Lauf des Familienlebens ständig entwickeln. Sie stärken das Zusammengehörigkeitsgefühl und eine Sicherheit, die ohne diese Treffen vielleicht nicht entstehen würden. Ohne diese Zusammenkünfte geschieht es oft, dass auftretende Probleme und Konflikte quasi unter der Hand von einer »Unterfamilie« der Familie behandelt werden, woraufhin sich leicht Misstrauen und Unsicherheit ausbreiten.

Das wechselseitige Verhältnis der Kinder

Die folgende Aussage eines Scheidungskinds bringt deutlich zum Ausdruck, wie schwierig es sein kann, zu neuen Halbgeschwistern und Bonusgeschwistern Stellung zu beziehen, selbst wenn man ein reflektierter und verant-

Die Aussicht auf neue Halbgeschwister kann für Kinder eine große Herausforderung sein.

wortungsbewusster 16-Jähriger ist. Oder vielleicht gerade, wenn man reflektiert und verantwortungsbewusst ist! (Der Brief und meine Antwort darauf wurden das erste Mal in der norwegischen Zeitung *Aftenposten* abgedruckt.)

»Hallo, ich bin ein junger Mann von 16 Jahren und habe gerade etwas erfahren, das mich ziemlich verändert hat. Bevor ich erkläre, worum es geht, möchte ich ein bisschen von meiner Familie erzählen. Als ich neun Jahre alt war, haben meine Eltern sich scheiden lassen. Mein Vater hatte

eine Beziehung mit einer anderen Frau angefangen, doch mein kleiner Bruder und ich waren damals zu naiv, um wirklich zu verstehen, was das bedeutet.

Vor drei Jahren haben unser Vater und seine neue Freundin eine Tochter bekommen – eine kleine Schwester, die ich von ganzem Herzen liebe und als genauso wichtigen Teil meiner Familie betrachte wie meinen jüngeren Bruder. Danach habe ich auch die Freundin meines Vaters als vollwertiges Mitglied unserer Familie betrachtet.

Nach der Scheidung hat meine Mutter alleine gewohnt. Sie hat verschiedene Freunde gehabt, aber es ist nie etwas Ernstes daraus geworden, und mein Bruder und ich haben diese Freunde auch nie kennengelernt. Glücklicherweise hat sie immer sehr gute Jobs gehabt und hatte keine Probleme, uns gut zu versorgen. Ich bin sehr stolz darauf, dass sie das geschafft hat!

Ich habe immer gut über meine Familie gedacht. Wir harmonieren miteinander, und zwischen meinen Eltern gibt es Gott sei Dank keinen Streit. Wir können immer noch alle zusammen sein, miteinander essen oder uns etwas zu Weihnachten schenken usw.

Aber jetzt zu der aktuellen Situation. Meine Mutter hat mir vor wenigen Stunden erzählt, dass sie einen festen Freund hat, was mich natürlich unheimlich gefreut hat, aber sie hat auch gesagt, dass er drei Kinder im Alter von elf, 17 und 22 hat. Seitdem bin ich von so vielen Gefühlen überwältigt worden, dass ich es fast nicht mehr aushalte.

Die Sache ist die, dass meine kleine Schwester in unsere Familie hineingeboren wurde und mit zwei großen

Brüdern aufgewachsen ist, die sie immer als echte kleine Schwester betrachtet haben. Diese neuen Geschwister haben nie so einen Prozess mitgemacht, und darüber mache ich mir jetzt so viele Gedanken.

Wie soll ich mich verhalten, wenn ich sie das erste Mal treffe? Wie werden sie sich verhalten, wie kommen wir miteinander klar, werden wir eine Familie werden? Im Moment bin ich total verwirrt und spüre, dass ich auch böse auf meine Mutter bin, weil sie es so spontan und ohne Vorwarnung gesagt hat, und aus irgendeinem Grund bin ich einfach sehr traurig darüber. Was soll ich tun, haben Sie einen Rat für mich?«

Antwort

»Es ist nicht schwer zu verstehen, dass dich der Gedanke, plötzlich drei neue Geschwister zu bekommen, überwältigt. Hinzu kommt, dass dein Verhältnis zu deiner jetzigen Großfamilie so gut ist, dass du natürlich große Ansprüche an dich selbst stellst, was deine Beziehung zu den Neuen und Fremden betrifft.

Mein Vorschlag bezieht sich darauf, dass du und dein kleiner Bruder bei eurer Mutter wohnt und ihr neuer Freund in Erwägung zieht, mit euch zusammenzuziehen, sodass du drei Bonusgeschwister bekommst, mit denen du entweder teilweise oder permanent zusammenwohnen wirst.

Die Bildung einer ›Patchworkfamilie‹ ist ein schwieriger und sensibler Prozess. Die beiden Erwachsenen sind ineinander verliebt und wollen so viel Zeit wie möglich mit-

einander verbringen. Somit verlieren die Kinder zwangsläufig einen Teil des Engagements, der Nähe und Zeit ihrer Eltern und müssen darüber hinaus viel Kraft aufwenden, um sich auf den neuen Erwachsenen im Leben ihres Vaters oder ihrer Mutter einzustellen.

Dieser Familientypus unterscheidet sich von der Kernfamilie auch deshalb, weil gegenseitige Liebe keine Selbstverständlichkeit ist. Es wird lange Zeit dauern, auch nur ein gutes freundschaftliches Verhältnis zwischen deiner Mutter und seinen Kindern, zwischen ihm und euch, zwischen euch und den anderen drei Kindern zu schaffen.

Deshalb ist es wichtig, dass die Erwachsenen mehr realistisch als romantisch sind und dass die Kinder frei entscheiden können, inwieweit sie sich in den neuen Beziehungen engagieren wollen. Wenn Kinder so alt sind, wie ihr es seid, können die beiden unterschiedlichen Familienkulturen nicht einfach miteinander verschmelzen, und es ist wichtig, dass die Unterschiede kein Anlass für Machtkämpfe und Eifersucht sind.

Deshalb ist es klug, wenn die Erwachsenen ein formelles Familientreffen einberufen, in dem sie ihre Situation und ihre Pläne darlegen und alle Kinder darin unterstützen, sich so offen und ehrlich wie möglich zu verhalten.

Wenn alle, zumindest teilweise, unter einem Dach leben, sollte so ein Treffen während des ersten Jahres ca. einmal im Monat stattfinden. Die Tagesordnung ist immer dieselbe: Alle bekommen die Möglichkeit zu sagen, wie es ihnen zur Zeit geht, und die Erwachsenen tragen die Verantwortung dafür, dass alle gehört, gesehen und ernst genommen werden. So ein Treffen ist nicht unbedingt zur Problemlösung da, aber eine gute Gelegenheit, um zu prüfen, wie es um die Atmosphäre in eurer Gemeinschaft bestellt ist.

Beim ersten Treffen ist es sehr wichtig, dass die beiden Erwachsenen von ihren Visionen und Träumen für die neue ›Familie‹ erzählen.

In deinem Fall möchte ich vorschlagen, dass du – als eine Art Verlängerung eures Familientreffens – alle Kinder zu einem weiteren Treffen einlädst, auf dem ihr über eure Gedanken und Gefühle reden könnt. Eventuell kannst du ihnen auch eine Kopie deines Briefes geben.

Du könntest in etwa folgendermaßen beginnen: ›Unsere Eltern haben sich füreinander entschieden, wir haben das nicht. Ich habe Schwierigkeiten damit, drei neue Menschen in mein Leben zu integrieren, weil ich mich verpflichtet fühle, Zeit und Energie aufzuwenden, um ein gutes Verhältnis zu euch zu bekommen. Deshalb, finde ich, sollten wir einen Plan machen, wie wir uns langsam kennenlernen können. Vielleicht werden wir alle irgendwie Freunde, vielleicht auch nicht.‹

Falls du meinst, dass du solch ein Treffen nicht leiten kannst, könntest du mit dem ältesten der anderen Kinder Kontakt aufnehmen, damit ihr es zusammen tut. Oder du bittest deine Mutter oder einen anderen Erwachsenen, daran teilzunehmen.

Am Anfang sollten du und dein Bruder das Verhalten eurer ›Geschwister‹ nicht persönlich nehmen. Vieles hängt davon ab, wie sich jeder Einzelne von ihnen gegenüber eurer Mutter, ihrem Vater und ihrer eigenen Mutter verhalten.

Ihr seid beide in einer Familie aufgewachsen, die in vieler Hinsicht sehr gut funktioniert hat. Das ist bei ihnen vielleicht nicht der Fall.

Optimal wäre es, wenn ihr alle fünf euch darauf einigen könntet, ab und zu etwas zusammen zu unternehmen, ohne eure Eltern. Geht zusammen eine Pizza essen oder ins Kino oder tut etwas anderes, das euch allen Spaß macht.

Oder schickt eure Eltern am Wochenende in Urlaub und nutzt die gemeinsame Zeit unter einem Dach für die Dinge, zu denen ihr am meisten Lust habt.

Du hast jetzt gespürt, wo deine persönlichen Grenzen liegen. Nimm sie ernst und gehe nicht mehr Kompromisse ein, als du dir gegenüber verantworten kannst.«

In Anbetracht dieser klaren Aussage eines 16-Jährigen kann man sich vorstellen, dass auch weitaus jüngere Kinder viel Energie aufwenden müssen, um sich auf die neuen »Geschwister« einzustellen. Das ist eine Tatsache, die viele Erwachsene so lange ignorieren, bis die ersten Konflikte zwischen den Kindern auftreten und mit den Träumen und Hoffnungen der Erwachsenen kollidieren. Helfen Sie den Kindern von Anfang an, indem Sie eine offene Atmosphäre einführen, in der sich jeder emotional so frei fühlen sollte wie irgend möglich. Wenn das gelingt, wird die soziale Kompetenz der Kinder in den nächsten Jahren erheblich gestärkt werden – vor allem ihre Fähigkeit, Eigenverantwortung zu übernehmen und zugleich die Gefühle anderer zu respektieren.

Gerechtigkeit

Die meisten Kinder sind früh in die Vorstellung von Gerechtigkeit verliebt. Kinder, die große Ungerechtigkeit erlebt haben, sind besonders stark von dem Gefühl durchdrungen, es müsse jederzeit Gerechtigkeit herrschen. Gerechtigkeit ist ja ein hübscher Gedanke, daher

Niemand kann alle Kinder gleich behandeln und das wäre auch nicht sinnvoll.

ist es für Erwachsene verlockend, dieser Vorstellung zu entsprechen, wenngleich sie auch gefährlich und letztendlich destruktiv sein kann. Aufreibende diplomatische Missionen und die Forderung nach einer »millimetergenauen« Gerechtigkeit sind allzu oft die Folge.

Gerechtigkeit gibt es nicht, hingegen ein altes, kluges Wort, demzufolge man Menschen nur dann »ordentlich« behandelt, wenn man sie verschieden behandelt – weil sie verschieden sind und demzufolge unterschiedliche Bedürfnisse, Wünsche und Forderungen an ein gutes Leben haben.

Erzählen Sie Ihren Kindern erst einmal, dass es in der Familie zwei verschiedene Arten von Regeln und Normen gibt: diejenigen, die für alle gelten, und diejenigen, die nur für einige gelten. Dabei handelt es sich ebenso um Privilegien wie um Pflichten und Einschränkungen.

Ein siebenjähriger Junge kann nur dann am Wochenende eine mehrstündige Reise auf sich nehmen, um seinen Vater zu besuchen, wenn man ihm dieses Privileg auch zugesteht.

Warum sollte ein 14-jähriges Mädchen, das das Vertrauen ihrer Mutter gewonnen hat, sich plötzlich Beschränkungen unterwerfen, die mit dem mangelnden Vertrauen des Vaters zu tun haben?

Natürlich kann man einwenden, dass Eltern es einfacher haben, wenn sie einheitliche Richtlinien verfolgen, aber dieses Argument gerät spätestens dann ins Wanken, wenn sie damit konfrontiert werden, dass die Freunde und Freundinnen ihrer Kinder Dinge dürfen, die sie ihren eigenen Kindern nicht erlauben. Die Vorstellung, dass Kinder einer einheitlichen Richtschnur bedürfen, stammt aus einer historischen Epoche, in der die Eltern die absolute Macht hatten und diese so geschlossen demonstrierten, dass die Kinder es aufgaben, einen Keil zwischen sie treiben zu wollen.

Auch in einer zusammengesetzten Familie haben die Erwachsenen verschiedene Beziehungen zu den Kindern. Es gibt einfach Unterschiede im Verhältnis zu unseren eigenen Kindern, unseren Bonuskindern und dem gemeinsamen Nachwuchs. Kinder haben das schon immer gewusst, und nun ist es an der Zeit, dass die Erwachsenen den Versuch aufgeben, diese Tatsache durch Gleichheit und Gerechtigkeit tarnen zu wollen. Tun Sie sich selbst einen Gefallen, und Sie werden mit deutlich weniger Machtkämpfen und weniger Eifersucht belohnt werden.

Gemeinschaft

Unter einem Dach zu wohnen ist das eine, eine funktionierende und konstruktive Gemeinschaft zu bilden etwas anderes. Letzteres braucht Zeit, und es ist weder

Eine wirkliche Gemeinschaft zu werden braucht mehr Zeit und Energie, als Sie vermutlich denken.

Anlass zu Überraschung noch zu Selbstkritik, wenn es fünf bis sechs Jahres dauert, bis die Gemeinschaft so gut funktioniert und harmoniert, wie man es sich erträumt hatte. Wenn es gelingt, hat dies von allen Mitgliedern der Familie so viel Energie, Beharrlichkeit, Verantwortungsgefühl und Kompromissfähigkeit gefordert, wie man sich nie hätte vorstellen können.

In einer Patchworkfamilie gibt es stets laufende Debatten und Kämpfe um eine gemeinsame Wertegrundlage, weil einige der Kinder auch Mitglieder anderer Familiengemeinschaften sind, die ihre eigenen Werte und Regeln haben. (Vergleichen Sie z.B. mein Buch *Was Familien trägt*, in dem ich vier zentrale Werte beschrieben habe, die es möglich machen, diese Unterschiede zu handhaben und zu absorbieren.)

Um in einer Patchworkfamilie konstruktiv zusammenzuleben, müssen die Erwachsenen die Idee aufgeben, dass es nur eine einzige Wahrheit gibt und alles andere verkehrt ist. Das heißt unter anderem, dass Eltern sich viel persönlicher verhalten müssen, als dies in einer Kernfamilie notwendig wäre.

Beispiel

Der zwölfjährige Johannes liebt Computerspiele. Wenn er bei seinem Vater und dessen neuer Partnerin ist, darf er so viel am Computer spielen, wie er will, solange er rechtzeitig ins Bett geht. Seine Mutter hat dazu eine andere Einstellung. Sie hält es für gefährlich, wenn

Unterschiedliche Erziehungsauffassungen der biologischen Eltern und wie man damit umgehen kann.

er allzu lange vor dem Bildschirm sitzt, und hat die Zeit dafür auf maximal anderthalb Stunden täglich begrenzt. Sein Bonusvater teilt diese Einstellung. Natürlich versucht Johannes mit Nachdruck, sein Interesse durchzusetzen, wo immer er auch ist.

Der Konflikt zwischen Johannes und seiner Mutter sowie seinem Bonusvater ist nicht zu lösen, dasselbe gilt für den Konflikt zwischen seinem Vater und seiner Mutter. Johannes muss lernen, mit Erwachsenen zusammenzuleben, die zu dem, was ihm im Moment am allerwichtigsten ist, ganz verschiedene Ansichten haben und die sich wegen seiner Lieblingsbeschäftigung zudem auf Kollisionskurs befinden.

Er hat zwei Möglichkeiten: Entweder er beugt sich der Haltung seiner Mutter, oder er lebt in täglichem Konflikt mit ihr und seinem Bonusvater.

Eine Unterordnung setzt ein großes Vertrauen zu seiner Mutter voraus, das sie nur erlangt, wenn sie den Mut hat, so authentisch und persönlich wie möglich zu sein:

»Ich weiß, was ein Nein für dich bedeutet, Johannes, und ich bin mir darüber im Klaren, dass du dich zutiefst ungerecht behandelt fühlst. Aber ich kann mich nicht anders verhalten. Ich habe gelesen, was die Experten zu den möglichen Schäden sagen, die im Gehirn der Kinder entstehen können, die zu viel am Computer spielen, und ich habe einfach Angst, was auf lange Sicht mit dir passiert, wenn ich mich genauso verhalte wie dein Vater. Es tut mir leid, aber du musst dich eben damit abfinden, eine solche Mutter zu haben, bis du alt genug bist, um allein zu entscheiden.«

»Findest du etwa, dass Papa ein schlechter Vater ist?«

»Nein, das finde ich nicht. Er ist so anders als ich, dass wir nicht mehr zusammenleben können, und leider bist du jetzt in der Zwickmühle und musst mit uns beiden zusammenleben. Ich hätte mir gewünscht, dir dieses Problem zu ersparen, aber das kann ich nicht.«

»Aber können wir uns dann nicht auf zweieinhalb Stunden am Tag einigen? Bei Alex und Ahmed ist das auch so.«

»Nein.«

»Das ist so verdammt ungerecht! Warum kannst du mit Papa nicht ein Mal einer Meinung sein?«

»Das würde ich ja gern, aber das geht eben nicht – zumindest können wir uns in dieser Sache nicht einigen.«

»Scheißfamilie!«

Für dieses Mal ist der Konflikt überstanden, ohne dass irgendjemand zu Schaden gekommen wäre, und falls Johannes zu den 50 Prozent der Kinder gehört, die als Erwachsene einer Patchworkfamilie angehören werden, ist er jetzt besser darauf vorbereitet, als er es gestern noch war.

Dieser Familientypus kann hoffentlich dazu beitragen, das alte Ideal zu beseitigen, Eltern sollten in Fragen der Kindererziehung stets einer Meinung sein. Eltern sollten sich nur darin einig sein, dass es in Ordnung ist, verschieden zu sein. Wenn das nicht gelingt, müssen sie sich damit abfinden, dass die Kinder hin und wieder ihre eigenen Entscheidungen treffen.

Das Modell der Patchworkfamilie ist so neu, dass ihre Mitglieder sich heute als Pioniere fühlen dürfen. Sie sind es, die Chancen ergreifen, Risiken eingehen und Erfahrungen sammeln, die der Familie der Zukunft den Weg bahnen.

Als erwachsene Mitglieder einer solchen Familie müssen Sie und Ihr Partner daher versuchen, eine Gemeinschaft zu begründen, in der alle maximal beteiligt werden, wenn es darum geht, die Regeln, Normen und Werte der Familie zu entwickeln. Nur auf diese Weise kann es gelingen, mit der Vielfalt zurechtzukommen, die die Einheit der Kernfamilie ersetzt hat.

Die Ex, die Hex – Umgang mit dem Ex-Partner

Als Bonusmutter oder Bonusvater sagen Sie Ja zu einer Familie, die oft mehr bedeutungsvolle und einflussreiche Mitglieder hat als nur die, mit denen Sie unter einem Dach leben, und vielleicht werden Sie nicht von allen mit offenen Armen empfangen. Für die Familie Ihres Partners sind Sie weder die Prinzessin noch der Prinz, die oder der Ihren Partner von seinem Singledasein erlöst hat. Die Rollen sind schon vergeben, und es existieren bereits jede Menge gute und schlechte Erfahrungen, kluge und weniger kluge Ansichten und Beobachtungen.

Nicht alle der wichtigen Mitglieder der Familie, zu der Sie Ja gesagt haben, leben mit Ihnen unter einem Dach.

Die wichtigste Person dieser Galerie ist der frühere (Ehe-)Partner Ihres Partners. Ob Sie nun wollen oder nicht und unabhängig davon, ob Sie sich je zu Gesicht bekommen, Sie stehen mit ihm in einer bedeutsamen Beziehung.

Zwischen 30 und 40 Prozent aller Scheidungen sind mehr oder minder problematisch und manchmal auch reine Schlammschlachten. In diesem Fall müssen Sie zu den Haien ins Wasser – allerdings sind es Haie in Form von verletzten Gefühlen, Betrug, Eifersucht, Kleinlichkeit, Rachsucht, Verantwortungslosigkeit, Unreife, Rücksichtslosigkeit, mentaler Faulheit, psychopathischem Verhalten bis hin zu Mordgelüsten und dergleichen.

Es gibt nur wenige Begebenheiten im Leben eines Menschen, die im selben Maße das zutage fördern, was sich unter unserer zivilisierten Oberfläche verbirgt, wie eine Scheidung. Vor allem wenn sie durch die Untreue – oder auch nur den Verdacht der Untreue – eines Partners ausgelöst wurde.

Als Außenstehender mag man sich moralisch empören, doch werden auch Sie sich der Tatsache nicht entziehen können, dass der Mensch, in den Sie sich verliebt haben, seinen Anteil an dem ganzen Wirrwarr hat. In Liebesbeziehungen gibt es niemand, der ausschließlich Opfer ist – zumindest keinen Erwachsenen.

Zur eigenen Verantwortung stehen

Im Dänischen gibt es eine Redewendung, die besagt, dass »der Kobold mit einzieht«. Das bedeutet, dass die Charakterzüge oder der Mangel an Liebesfähigkeit, die unsere frühere Liebesbeziehung zerstört haben, oft unbearbeitet in die neue Beziehung übernommen werden.

Was haben Sie aus Ihren Liebesbeziehungen im Guten wie im Schlechten über sich selbst gelernt?

Dann haben wir aus unserem Fiasko nichts (über uns selbst) gelernt, was leider oft damit einhergeht, dass wir unserem ehemaligen Partner und/oder der Schwiegerfamilie entweder lautstark oder im Stillen die Schuld in die Schuhe schieben. Unseren eigenen Anteil an der Verantwortung zu leugnen, ist ein schlechter Beginn einer neuen Liebesbeziehung.

Natürlich lässt sich ein solches Verhalten nie ganz vermeiden, doch sollte man seinem neuen Partner ruhig einmal folgende Frage stellen: »Was hast du aus deiner letzten Beziehung über dich selbst gelernt?« Die Antwort wird Ihnen etwas über die moralische Integrität und das persönliche Verantwortungsbewusstsein Ihres Partners verraten, was eine gewisse Prognose für Ihre neue Beziehung zulässt.

Niemand von uns ist perfekt, doch sollten Sie sich stets vor Augen halten, dass Sie den mangelnden Willen Ihrer Partnerin, sich mit ihrer eigenen Verantwortung auseinanderzusetzen, niemals durch Ihre bloße Liebe kompensieren können.

Was natürlich auch umgekehrt gilt. Wie fällt Ihre Antwort auf die Frage aus? Was haben Sie, im Guten wie im Schlechten, aus den Liebesbeziehungen gelernt, die Sie im Lauf der Jahre eingegangen sind? Der Vorteil einer Bonusfamilie besteht oft darin, dass sie von zwei erfahrenen Erwachsenen begründet wurde, die in der Lage sind, ihre neue Beziehung gleichermaßen nüchtern wie romantisch zu betrachten.

Erstellen Sie zum Beispiel eine Liste über diejenigen Ihrer Charakterzüge, die Ihrer Erfahrung nach eine wichtige Rolle in Ihrer Paarbeziehung spielen. Zum Beispiel:

- Ich neige dazu, zu oft Ja und zu selten Nein zu sagen.
- Ich bin jemand, der immer sich selbst in der Verantwortung sieht – auch wenn ich mit einer Sache eigentlich nichts zu tun habe.
- Ich habe eine ganze Familie innerer Dämonen, die mir zeitweise alle Energie raubt.
- Ich neige dazu, mich ganz in den Dienst meines Partners zu stellen und selbst zu kurz zu kommen.
- Ich kann nicht über Probleme sprechen, wenn sie sich stellen. Das geht bei mir erst später.
- Ich habe so wenig Selbstwertgefühl, dass ich mich oft durch Menschen bedroht fühle, die meinem Partner wichtig sind.
- Wenn ich mich verletzt fühle, brauche ich lange, um mich wieder öffnen zu können.

Schreiben Sie die Liste zunächst nur für sich selbst und zeigen Sie sie dann Ihrem Partner. Nicht um Rechenschaft über die sogenannten starken und schwachen Seiten abzulegen, sondern um darüber zu reden, wie man die Tendenzen, die erfahrungsgemäß die meisten Konflikte schaffen, kompensieren kann.

Ein emotionaler Schlussstrich

Man kennt ja die Wendung, »fertig mit seiner/seinem Ex sein«. Damit geben wir dem Gefühl Ausdruck, die Freiheit des Handelns wiedererlangt zu haben und das zu tun, was wir richtig finden, ganz gleich, was unser Expartner davon halten mag. Für die meisten von uns erfordert es viel Zeit und eine gründliche Selbstprüfung, um an diesen Punkt zu gelangen. Achten Sie diskret darauf, wie oft Ihre Partnerin von ihrem Ex spricht und auf diesen Bezug nimmt. Je öfter dies geschieht, desto größer ist die Wahrscheinlichkeit, dass Sie mit allen beiden zusammenleben müssen!

Und was ist mit Ihrer letzten Beziehung – sind Sie damit fertig?

Heutzutage werden unsere Bindungen an den früheren Partner nicht unbedingt von Aggressionen, Hass und Rachedurst begleitet. Je mehr der Gesetzgeber versucht, alle Rechte und Pflichten gleichmäßig auf die geschiedenen Eltern zu verteilen, desto öfter erleben wir

Menschen, die völlig in ihrer Angst vor Konflikten und der sie begleitenden emotionalen Erpressung gefangen sind. So fühlen sie sich gezwungen, aus Rücksicht auf die scheinbare Harmonie zwischen den Partnern »alles mit-

Der Wunsch nach Harmonie kann uns davon abhalten, notwendigen Konflikten ins Auge zu sehen.

machen« zu müssen. Harmonie ist zu einer politisch korrekten Forderung geworden, was uns daran hindert, notwendige Konflikte auszutragen, um sie zu überwinden.

Eine der Stärken der Verliebtheit besteht darin, sich vom Schmerz des anderen beeinflussen zu lassen. Bereits nach einer kurzen gemeinsamen Zeit mit Ihrem neuen Partner werden Sie eine »Wahrheit« hinter der Beziehung zu seiner Expartnerin und seinen Kindern spüren, die ihm vielleicht selbst nicht bewusst ist. Doch sind Sie NICHT dafür verantwortlich, seinen Schmerz zu heilen! Sie können Ihr Interesse und Ihre Fürsorge anbieten, doch sind Sie nicht dafür zuständig, seine Probleme zu bearbeiten und zu lösen.

In diesem Moment wird den meisten klar, dass sie im Grunde in zwei verschiedenen Familien leben. Für Ihre eigene Familie tragen Sie die volle Mitverantwortung – für die andere ist Ihr Partner zuständig. Je mehr Sie gewillt sind, dieser Tatsache ins Auge zu sehen, desto mehr Probleme und Konflikte können Sie im Vorfeld verhindern. Das heißt jedoch nicht, dass Sie Ihren Partner mit einem billigen »Das ist dein Problem!« abweisen dürfen.

Schenken Sie ihm all Ihre Fürsorge, Ihre Liebe und Ihr Interesse, doch nehmen Sie ihm nicht die Verantwortung ab. Das ist eine schwierige, aber nicht unlösbare Aufgabe.

Hier folgt ein Beispiel in Briefform, das dieses Problem illustriert:

»Ich bin eine alleinerziehende Mutter von drei Teenagern, nachdem ich vor zwei Jahren von meinem Mann geschieden wurde. Mein Exmann und ich arbeiten vorbildlich zusammen. Wir waren uns von Anfang an darin einig, den Kindern absolute Priorität einzuräumen, was uns geholfen hat, die Relationen nicht aus den Augen zu verlieren. Vor einem halben Jahr habe ich einen wunderbaren Mann kennengelernt und eine Beziehung mit ihm begonnen. Seine Kinder sind genauso alt wie meine, und wenn wir zusammen sind, bilden wir eine große, glückliche Familie. In dieser Hinsicht haben wir ungeheures Glück gehabt.

Wir haben eine hervorragende Beziehung, die von großer Offenheit, Nähe und Ehrlichkeit geprägt ist. Wir wohnen nicht zusammen und haben auch nicht vor, in nächster Zeit zusammenzuziehen.

Doch gibt es einen Punkt, der uns sehr belastet, nämlich sein Verhältnis zu seiner Exfrau. Die beiden waren über 20 Jahre miteinander verheiratet und haben eine sehr bittere Trennung hinter sich. Er kann ihr bis heute nicht verzei-

hen, dass sie ihn betrogen hat, was dazu führt, dass er nur wenig kooperationsbereit ist, Absprachen mit seinen Kindern trifft, ohne sie zu informieren, und seine Interessen hinter ihrem Rücken durchsetzt. Auch in finanzieller Hinsicht ist ihre Situation noch nicht geklärt.

Sie kommunizieren nur per Mail oder SMS, und wenn sie sich begegnen, ignoriert er sie und antwortet auch nicht auf ihre Fragen. Einmal habe ich ein solches Treffen zufällig miterlebt und war sehr irritiert darüber.

Ich habe ihm hinterher gesagt, dass er seine Kinder mit diesem Verhalten in eine ungeheuer schwierige Situation bringt. Dass sie am meisten darunter zu leiden haben. Außerdem glaube ich, dass auf längere Sicht auch unsere Beziehung darunter leiden wird, wenn er nicht in der Lage ist, ein abgeklärtes Verhältnis zu seiner Exfrau zu entwickeln.

Nachdem wir uns am Wochenende heftig gestritten haben, weil er einfach mit seinen Kindern weggefahren ist, obwohl seine Frau eigentlich für sie zuständig war, frage ich mich, ob unsere Beziehung überhaupt eine Zukunft hat. Wann wird er damit beginnen, mich genauso respektlos zu behandeln, wie er jetzt seine Exfrau behandelt?

Wie lange darf man nach einer Scheidung verbittert sein? Welchen Einfluss kann ich darauf nehmen? Kann ich ihn überhaupt irgendwie beeinflussen oder Forderungen an ihn stellen? Wenn ich seine Exfrau verteidige, fühlt er sich wahrscheinlich auch noch von mir verraten.

Ich bin ziemlich verzweifelt! Können Sie mir etwas raten?«

Antwort

»Zunächst möchte ich Ihnen sagen, dass ich viele Briefe wie Ihren bekomme, und jedes Mal wundere ich mich darüber, warum mir die Männer nicht schreiben? Ich weiß natürlich sehr gut, dass es keine männliche Tradition ist, andere um Hilfe zu bitten, aber trotzdem!

Das Positive an Ihrer Situation ist, dass Sie nicht zusammenwohnen. Das macht es einfacher, die Aufgaben zu lösen, die vor Ihnen liegen. Ihr Partner scheint sich seit dem Zeitpunkt Ihres Kennenlernens nicht verändert zu haben. Er hängt immer noch in seiner alten Ehe fest, lässt sich von Zorn, Rachsucht und Bitterkeit leiten, und natürlich haben Sie recht, dass dieses Verhalten äußerst destruktiv ist und sein eigenes Leben sowie das seiner Kinder negativ beeinflusst.

Es ist ein Gesetz der partnerschaftlichen Liebe, dass seine Probleme mit der Zeit zu Ihren werden und umgekehrt. Das heißt, dass wir ungelöste Probleme und Konflikte aus unserer früheren Beziehung oder aus unserer Kernfamilie in die neue Beziehung überführen. Damit hören sie auf, dein oder mein Problem zu sein. Sie werden zu unserem Problem.

Insbesondere Frauen haben eine selbstdestruktive Tendenz zu glauben, die Liebe würde alle Probleme lösen, was nur äußerst selten geschieht. Das Einzige, was Sie von Beginn an tun konnten, war, ihm zu sagen: ›Ich bin verliebt in dich und möchte mit dir gemeinsam etwas Bedeutsames und Schönes aufbauen. Doch will ich meine Gefühle noch nicht völlig riskieren, ehe du nicht mit deiner Exfrau fertig bist. Deine Wut und deine Bitterkeit zerstören dich von innen, und sie werden auch das Schöne zerstören, das wir zusammen erleben könnten. Zieh einen emotionalen Schlussstrich unter deine alte Beziehung und sag mir Bescheid, wenn es soweit ist – dann können wir sehen, ob wir eine gemeinsame Zukunft haben.‹

Da Sie das nicht getan haben, tragen auch Sie Ihren Teil zum Status quo bei. Es geht nicht darum, ob er Sie jemals respektlos behandeln wird. Es geht darum, dass seine verhärteten Gefühle Ihrer Beziehung jetzt schon Energie rauben.

Der springende Punkt ist der, dass er sich selbst schlecht behandelt. Er allein ist für die Gefühle verantwortlich, die er hinsichtlich seiner Exfrau hegt. Ihre Untreue hat ihn natürlich tief verletzt, und dieser Zustand enthält einen ganzen Cocktail von Gefühlen: Trauer, Wut und Hass. Bei manchen Menschen kommt das Gefühl moralischer Überlegenheit hinzu, das diese Gefühle rechtfertigen soll.

Sie haben in dieser Situation zwei Möglichkeiten. Am besten wäre es, Ihr Partner würde von sich aus Kontakt zu einem erfahrenen Paartherapeuten aufnehmen und seine Exfrau zu einigen Gesprächen einladen, in denen er die Möglichkeit bekommt, ihre Beziehung in Würde zu beenden.

Die andere Möglichkeit besteht darin, dass er allein professionelle Hilfe in Anspruch nimmt.

Beides setzt die Erkenntnis voraus, dass er sich selbst schlecht behandelt und eigentlich Besseres verdient hat als die Einsamkeit, auf die er seit Jahren zusteuert.

Er wird Tag für Tag mit einer Grundregel unseres Lebens konfrontiert: Entweder übernehmen wir die Verantwortung für unsere Gefühle und Handlungen oder wir fallen anderen zum Opfer.

Zuerst ist er seiner Frau und dann sich selbst zum Opfer gefallen, und er muss sich selbst entschließen, diesen Zustand zu beenden. Er kann dies nicht Ihnen und seinen Kinder zuliebe tun, sondern nur sich selbst zuliebe.

Was können Sie tun? Sie können ihn mit der Aussage konfrontieren, die Sie von Beginn an hätten treffen sollen, und sich damit wie eine gute Freundin verhalten. (Ein guter Freund oder eine gute Freundin gibt dir das, was du zu einem bestimmten Zeitpunkt am meisten brauchst, obwohl du am wenigsten Lust dazu hast.) So riskieren Sie zwar, dass er in Übereinstimmung mit seiner Opferrolle agiert und sich auch als Ihr Opfer betrachtet, doch zumindest werden Sie selbst nicht zum Opfer.

Ihr Partner ist ein unglücklicher Mann, der alle Sympathie verdient, doch braucht er unbedingt Menschen um sich herum, die klare Grenzen haben und ihn nicht verantwortlich für ihr Unglück machen. Er selbst ist der Untreue seiner Frau zum Opfer gefallen, aber jemandes Opfer zu sein heißt nicht, dass wir die Opferrolle zur eigenen Identität und einer Art Lebensstil machen müssen.

Natürlich können Sie auch konstatieren, dass der Mann, den Sie lieben, eben so ist, wie er ist, und die Beziehung zu ihm dessen ungeachtet fortsetzen. Sie können sich nicht gegen den Schmerz schützen, der mit dieser Liebe verbunden ist, doch wenn Sie aufhören, sich in sein früheres

Leben und sein Verhältnis zu seinen Kindern einzumischen, haben Sie vielleicht als getrennt lebendes Paar eine Chance.

Niemand von uns macht es anderen Menschen leicht, uns zu lieben oder mit uns zusammenzuleben. Wir alle tragen selbstdestruktive Elemente in uns, und diejenigen, die uns lieben, kommen nicht ohne blaue Flecken davon.

Wenn es nicht unglücklich enden soll, erfordert dies folgendes Bekenntnis: ›Ja, ich liebe diesen Menschen und bin bereit, die Verantwortung für die Konsequenzen zu tragen.‹«

In diesem Beispiel ist es ein Vater, der sich, nüchtern betrachtet, sowohl selbstdestruktiv als auch verantwortungslos und kindisch verhält. Es handelt sich also um einen Mann, der auch während seiner Ehe noch nicht die volle Reife eines Erwachsenen erlangt hat. Das ist kein Anlass zu Kritik und Spott. Die meisten von uns reifen stoßweise ihr ganzes Leben lang – vor allem, wenn das Leben uns irgendwelche Knüppel zwischen die Beine wirft.

Doch macht ihn dies zwischenzeitlich zu einem schlechten Partner, einem schlechten Vorbild für seine Kinder und einem schlechten Kooperationspartner für seine Exfrau, womit er vor allem sich selbst und seinen Kindern erheblichen Schaden und viel Schmerz zufügt.

Die gute Nachricht ist jedoch, dass wir stets in Beziehungen reifen – das heißt, durch Beziehungen zu anderen Menschen, die uns wichtig sind. Seine jetzige Partnerin kann in diesem Reifeprozess eine wichtige Rolle spielen. Das erfordert jedoch, dass sie kann, was er nicht kann: Verantwortung für sich selbst, die eigenen Werte, Grenzen und Bedürfnisse zu übernehmen. Somit wäre die Möglichkeit für eine wechselseitige persönliche Entwicklung gegeben, und ihr Zusammenleben würde ein solides Fundament erhalten, auf dem sich aufbauen lässt.

Kontakt aufnehmen

Als Bonusmutter oder Bonusvater ist es meiner Erfahrung nach klug, so früh wie möglich Kontakt mit dem Expartner des Partners aufzunehmen, natürlich vorausgesetzt, Ihr Partner ist damit einverstanden und Sie waren nicht die Ursache für das Scheitern seiner vorherigen Beziehung. Rufen Sie an oder schreiben Sie eine SMS oder E-Mail, um ein persönliches Treffen vorzuschlagen.

Solch ein Treffen dient einem doppelten Zweck. Zum einen werden dadurch beide Seiten in die Lage versetzt, sich ein persönliches Bild von dem Menschen zu schaffen, der im Leben des früheren oder gegenwärtigen Partners eine so wichtige Rolle spielt.

Zum anderen öffnet sich dadurch ein Kommunikationskanal, der gern formellen Charakter haben kann, gerade in Hinblick auf die Kinder aber unerlässlich ist. Falls Ihre Partnerin und/oder ihr Expartner Ihnen diese Möglichkeit verwehren, müssen Sie es später noch einmal versuchen.

Es gibt ganze Kulturen oder Einzelpersonen, für die solch ein Treffen völlig undenkbar ist – auch damit müssen Sie leben. Die Vergangenheit Ihres Partners gehört seinem Privatleben an, in das Sie nicht eindringen dürfen. Doch haben Sie in diesem Zusammenhang einen moralischen Anspruch darauf, dass die Tür zu seiner Vergangenheit nicht hermetisch abgeriegelt ist. Denn schließlich nehmen Sie die große Mühe auf sich, sich in einer neuen Familie mitsamt einer Reihe unbekannter Faktoren zurechtzufinden. Diese Offenheit und Flexibilität sollte mit etwas anderem als einem bloßen »Geht dich nichts an« honoriert werden.

Besonders schwerwiegend ist dieses Problem natürlich für alle Seiten, wenn bereits ein langer Krieg um die Kinder entbrannt ist. Viele Kinder müssen leider Tag für Tag unter der Verantwortungslosigkeit ihrer biologischen Eltern leiden, und die zu bezeugen, ist ein schweres Los.

Wenn die Kommunikation schwierig ist

Wenn Ihr Partner Ihnen nicht zuhören will und auch mit seiner Expartnerin keine Kommunikation möglich ist, können Sie nur eines tun: Sie können versuchen, zum Ruhepol und zur Anlaufstelle für die Kinder zu werden, die Sie stets aufsuchen können, wenn es ihnen nicht gut geht. Sie können sich physisch wie emotional zur Verfügung stellen und ihnen in den Augenblicken kollektiver Ratlosigkeit zur Seite stehen.

Ihrem eigenen Gewissen zuliebe und in Rücksicht auf Ihre Paarbeziehung könnten Sie Folgendes sagen:

»Es ist eine Schande, wie Ihr eure Kinder behandelt, und es quält mich jeden Tag, das mit ansehen zu müssen. Die Kinder leiden darunter, und deine persönliche Integrität leidet auch. Ich weiß sehr gut, dass ich mich da nicht einmischen sollte, aber du musst jedenfalls wissen, dass es mich und unsere Beziehung negativ beeinflusst.«

Sagen Sie dies ein einziges Mal – laut und deutlich – und danach nie wieder. Auf diese Weise besteht die Möglichkeit, dass Ihre Worte Eindruck auf Ihren Partner machen und – jenseits seiner spontanen Verteidigungsrede und eventuellen Vorwürfen, Sie seien illoyal – eine gewisse Nachdenklichkeit bei ihm einsetzt. Es kann hart sein, erwachsen zu werden, und nicht so selten zwingt uns das Leben des Wohlergehens unserer Kinder wegen dazu.

Ein langer Krieg dieser Art wirft natürlich ein paar wichtige Fragen auf, beispielsweise:

- Falls auch wir miteinander ein Kind bekommen und eines Tages geschieden werden, erwartet mich dann dieselbe Art der Auseinandersetzung?
- Möchte ich Kinder mit einer Person haben, die ihre eigenen kindischen Bedürfnisse über die Bedürfnisse ihrer Kinder und ihr eigenes Wohlbefinden stellt?

Es gibt Situationen, in denen einer der Partner extrem viel Energie darauf verwendet, in der juristischen Bedeutung des Wortes »Recht« zu bekommen. Vor allem Männer und Väter sind immer noch häufig einer negativen Sonderbehandlung durch das Rechtssystem ausgesetzt, und es gibt nicht wenige Frauen, die Kinder von Männern bekommen haben, deren Umgebung stark unter ihren psychopathischen Zügen leidet. Diese Männer (und Frauen) sind oft so vertrauenerweckend und charmant, dass die zuständigen Behörden nicht merken, wie destruktiv sie sind.

Wenn Ihr Partner zu einer dieser Kategorien gehört, bedürfen Sie beide all Ihrer Geduld, Ihres Langmuts und der Fähigkeit, sich auf Situationen einzustellen, in denen das Bewusstsein Ihres Partners fast immer mit anderen Dingen beschäftigt ist als mit Ihnen allein oder Ihnen beiden.

Für eine Liebesbeziehung ist dies stets eine Belastung, doch ist es nur dann eine schicksalsträchtige Belastung, wenn Sie kein offenes Verhältnis haben und nicht darüber sprechen können, wenn es notwendig ist. Auch in dieser Hinsicht ist es wichtig, dass Sie mit nüchternem, analytischem Blick registrieren, ob Ihr Partner all seine Energie darauf verwendet, sich aus der Opferrolle zu befreien, oder ob er sich immer tiefer in sie hineinbegibt.

Ich weiß, dass es zynisch klingt, doch früher oder später (besser früher!) müssen wir uns fragen, ob der Mensch, in den wir uns einst verliebt haben und den wir vielleicht immer noch lieben, unser Leben bereichert. Es gibt immer wieder Perioden, in denen uns die Liebe zu einem anderen Menschen mehr belastet als bereichert, doch in Ihrer jetzigen Situation sollten Sie all diese Dinge besonders gründlich durchdenken. Im Interesse aller Beteiligten.

Was bedeutet »bereichert« in diesem Zusammenhang? Es bedeutet, dass Ihre Beziehung Sie dazu inspiriert oder gar zwingt, an ihr zu wachsen und sich persönlich zu entwickeln, wobei sich diese Entwicklung mit Ihren Bedürfnissen, Träumen und Lebenszielen decken sollte – auch wenn die heftigsten Wünsche des Augenblicks nicht immer gleich in Erfüllung gehen. Und vielleicht ist Ihr Partner ja nicht der Einzige in Ihrer Partnerschaft, der noch etwas reifen muss.

Vielleicht hatten Sie schon früher langjährige Beziehungen und erleben die gegenwärtigen Konflikte als ermüdende Wiederholung. Sind es eher die Männer oder Frauen Ihrer Beziehungen, die per se anstrengend und unberechenbar sind, oder tragen Sie womöglich selbst zu diesen Konflikten bei? Und wenn dem so ist – haben Sie womöglich das Bedürfnis oder den Mut, an sich selbst zu arbeiten, oder starten Sie einen neuen Versuch, Ihrem Partner zuliebe alles auf sich zu nehmen?

Die Vorstellung, uns selbst so kontrollieren zu können, dass wir für unsere Nächsten ausschließlich bereichernd und konstruktiv sind, ist eine Illusion. In Wirklichkeit sind wir alle so schwierig und unbequem, dass es kein leichtes Unterfangen ist, mit uns zusammenzuleben, und die Menschen, die uns am nächsten sind, laufen ständig Gefahr, sich Schrammen zu holen.

So ist es für beide Seiten enorm wichtig, dass Sie willens sind, an sich zu arbeiten, dass Sie zu Ihren eigenen Beschränkungen stehen und für sich selbst Verantwortung übernehmen. Die Liebe fördert sowohl das Beste als auch das Schlechteste in uns zutage, doch ist dies niemals die Schuld des Partners. Die Verantwortung trägt jeder allein.

Wie man es auch dreht und wendet, der Expartner Ihres Partners ist ein aktiver und einflussreicher Teil Ihres Lebens geworden. Sie werden nicht umhinkommen, dieser Tatsache einen Teil Ihrer Kraft und Energie zukommen zu lassen.

Ein Teil Ihres Einsatzes wird konstruktiv sein, der andere womöglich für die Katz, doch sollten Sie sich in dieser Hinsicht zumindest die Anerkennung und Wertschätzung Ihres Partners sichern. Das ist die effektivste Immunabwehr gegen den destruktiven Einfluss des Expartners.

*

Natürlich gibt es auch geschiedene Eltern, denen es glückt, eine Art Freundschaft und neue Gemeinschaft zu begründen, in deren Mittelpunkt die gemeinsamen Kinder stehen, die so die Möglichkeit haben, ihren Kontakt zum Umfeld des Expartners, zu Freunden und Verwandten aufrechtzuerhalten.

Ist die Atmosphäre geklärt und entspannt, profitiert natürlich auch Ihre neue Beziehung davon, auch wenn solche Verhältnisse viel Zeit und Energie erfordern.

In anderen Fällen werden solche Lösungen vorwiegend aus sentimentalen Gründen angestrebt – vor allem um die Kinder zu schonen und aus Angst vor einem endgültigen Bruch. Auf lange Sicht wird solch ein Arrangement jedoch kaum halten und es gibt Ihnen unweigerlich das Gefühl, das dritte Rad am Wagen zu sein.

Sie brauchen keine Angst davor zu haben, dass Ihr Partner irgendwann zu seiner Expartnerin zurückkehrt, doch achten Sie darauf, ob diese Angst vor Schmerz und Konflikten Ihre eigene Beziehung prägt.

Geschiedene Eltern verwenden viel Energie auf das Wohl ihrer Kinder. In den ersten Monaten und Jahren nach einer Trennung führt dies oft zu einem trüben Cocktail, der aus verschiedensten Zutaten besteht: dem Bedürfnis der Kinder, der Angst der Erwachsenen, tatsächlichem Schmerz und Sentimentalität. Falls dies der Fall ist, wird Ihre Geduld auf eine schwere Probe gestellt. Früher oder später begreifen die Eltern das von selbst.

Die Verantwortung der Bonuseltern

Als Bonusmutter oder Bonusvater sind Sie mitverantwortlich für die Stimmung in Ihrer neuen Familie. Alle Mitglieder dieser Familie haben ein gemeinsames Inte-

Sie sind mitverantwortlich
für die Stimmung in Ihrer neuen Familie.

resse daran, dass die Beziehung der Erwachsenen so gut wie möglich ist. Das gilt auch für die Kinder, die Sie zunächst vermutlich mit Unwillen oder Skepsis betrachten, und auf lange Sicht auch für den Expartner Ihrer Partnerin, der Sie vielleicht sogar hasst.

Ein gemeinsamer Wohnort

Für viele Paare, die zusammenziehen wollen, stellt die Frage des Wohnorts die erste Hürde dar. Oft geht es darum, ob der eine beim anderen einzieht oder ob man gemeinsam eine neue Wohnung suchen soll.

Für ein frisch verliebtes Paar ohne Kinder ist es eine spannende Herausforderung, ein gemeinsames Heim einzurichten. In Ihrem Fall, da Sie eine eigene Wohnung haben und Ihr Partner mit Kindern unter einem Dach lebt, die dort aufgewachsen sind oder sich gerade an ihren neuen Wohnort gewöhnt haben, ist die Sache komplizierter. Es ist äußerst schwierig, wenn nicht gar unmöglich, in das Heim eines anderen Menschen einzuziehen und es zu seinem eigenen Zuhause zu machen – ganz gleich, wie schön, praktisch, billig oder »vernünftig« das wäre.

Das Risiko, dass Sie sich als Gast im eigenen Haus fühlen, ist sehr groß, wodurch Ihre Möglichkeiten, ein gleichwürdiger Partner und Bonusvater/Bonusmutter zu sein, eingeengt werden. Oder gehören Sie zu den wenigen Menschen, für die so etwas nicht die geringste Rolle spielt?

Andererseits hat Ihre Partnerin vielleicht ihr Zuhause aufgeben müssen, in das sie enorm viel Energie, Kreativität und Liebe gesteckt hatte, und sich nun endlich in den neuen vier Wänden zurechtgefunden. Oder Sie finden, dass die Kinder bereits zu viele Veränderungen mitmachen mussten, und Ihr Partner ist überdies der Ansicht, dass dieser Umstand die Gemeinschaft mit Ihnen belastet.

Doch all diese Überlegungen nützen nichts, wenn Sie negative Erfahrungen gemacht oder Vorbehalte haben. Dies ist ein Feld, auf dem das Irrationale dominiert und dominieren soll. Nur finanzielle Notwendigkeiten sollten einen dazu zwingen, in einem Rahmen zu leben, in dem man sich von Vornherein eingeschränkt oder vernachlässigt fühlt. Ist dies der Fall, muss man damit beginnen, das gesamte Heim neu einzurichten – als Zeichen der neuen Gemeinschaft. Haben Sie keine Angst, die Kinder zu kränken. Womöglich werden sie heftig reagieren, doch haben sie andererseits kein Problem damit, die Notwendigkeit zu verstehen. Kein Fünf-, Zehn- oder 14-Jähriger würde ein fremdes Zimmer übernehmen, ohne es völlig neu einzurichten.

Nehmen Sie sich Zeit für Diskussionen und beziehen Sie dabei die Kinder mit ein. So vermeiden Sie, dass eine eventuelle Neuordnung zum weiteren traumatischen Erlebnis wird, weil die Kinder sich »überfahren« fühlen. Wenn Sie lange genug über alle Aspekte geredet haben, werden Sie spüren, wie sich Ihre eigene Entschlusskraft »aus dem Bauch heraus« entwickelt, und sich frei im Kopf fühlen.

Das wird die Proteste der Kinder vielleicht nicht abschwächen, doch ihre Akzeptanz für die Räum- und Umzugsaktion erhöhen. Bei Ihrem Partner sollte dasselbe der Fall sein. Sonst riskieren Sie, dass Ihnen die ganze Sache angelastet und später gegen Sie verwendet wird. Auf diese Weise wird genau dieser Prozess und Entschluss zu Ihrer Feuerprobe als Paar. Können Sie beide für sich selbst die Verantwortung übernehmen und es auf eine Art und Weise tun, die Ihre Beziehung stärkt?

Wie immer beginnt also die Verantwortung für die Gemeinschaft bei der Verantwortung für sich selbst. Ganz gleich, ob Ihnen das von Anfang an klar war oder Sie es erst im Lauf von Monaten begriffen haben, müssen Sie klar Stellung beziehen und Ihre Partnerin dazu bringen, an einer gemeinsamen Lösung zu arbeiten. Die wird möglicherweise ein wenig Zeit erfordern, aber das ist nicht so

Die Verantwortung für die Gemeinschaft beginnt bei der Verantwortung für sich selbst.

schlimm, solange Sie das Ziel nicht aus den Augen verlieren. Jede Freundschaft und jede Liebesbeziehung erfordert von beiden die Fähigkeit und den Willen zum Kompromiss. Soll das Badezimmer gelb oder weiß sein? Sollen wir eines unserer Autos verkaufen, und wenn ja, welches? Wollen wir jetzt schon ein gemeinsames Kind, oder warten wir, bis deine Kinder ein wenig älter sind?

Kompromisse und persönliche Integrität

Diese und viele andere Entscheidungen können einem schwer genug fallen, aber das Schwierigste in einer Liebesbeziehung ist zu unterscheiden, wann ich einen Kompromiss schließen muss und wann ich mit mir selbst einen Kompromiss eingehe. Was betrifft ausschließlich meine Ansichten oder meine Lust, das eine oder andere zu tun, und was tangiert meine persönliche Integrität,

Kompromisse eingehen ist in Ordnung, sich selbst kompromittieren nicht.

d.h. meine persönlichen Grenzen, Bedürfnisse und Werte? Manchen von uns fällt diese Unterscheidung leichter, je älter sie werden, doch eine neue Liebesbeziehung hält stets unerwartete Herausforderungen und Konfrontationen bereit.

Manchmal fordert ein Partner, dass wir aus Rücksicht auf ihn einen Kompromiss eingehen sollen, doch in der Regel fordern wir das von uns selbst. Das liegt ganz einfach an unserer Kindheit, in der wir entweder manipuliert oder gezwungen wurden, unsere persönliche Integrität zu opfern, um uns der Liebe und des Wohlwollens unserer Eltern gewiss sein zu können. Auf diese Weise versuchen Kinder, ihre Eltern zu lieben und sich die Liebe ihrer Eltern zu verdienen.

Doch je älter und reifer wir werden, desto mehr sollten wir uns von solchen Verhaltensmustern befreien und Liebesbeziehungen eingehen, die es uns – zum Wohle der Gemeinschaft – ermöglichen, unsere eigene Integrität zu wahren.

Der Konflikt zwischen Anpassung und Individualität hört niemals auf. Die Kunst besteht darin, ihm Raum zu verschaffen und ihn ernst zu nehmen. Das können Sie weder von Ihrem Partner fordern noch planen, doch können Sie dies in Ihre Beziehung mit einbringen.

Dennoch werden Sie Situationen erleben, in denen Sie Ja sagen, obwohl Sie Nein sagen sollten, und umgekehrt. Solange Sie beide daran denken, dass Sie selbst dafür verantwortlich sind, was aus Ihrem Mund kommt, ist Ihre Beziehung nicht gefährdet. Sie wird vielmehr gestärkt werden.

Kinder und Verantwortung

Wie bereits erwähnt ist das Wort »Verantwortung« dehnbar, unklar und in moralischer Hinsicht davon abhängig, wer es benutzt. Zugleich ist es sehr konkret:

»Wir sind jetzt eine (Bonus-)Familie, und wer soll wofür die Verantwortung übernehmen und in welcher Form?«

Es erfordert viele Gespräche über die wechselseitigen Wünsche, Erwartungen und Kompetenzen, damit Sie sich von Anfang an auf sicherem Grund fühlen.

»Was erwartest du im Verhältnis zu deinen Kindern von mir – emotional, quantitativ und praktisch?«

Geben Sie sich auf eine solche Frage nicht mit einer ausweichenden Antwort zufrieden, wie beispielsweise: »Das überlasse ich ganz dir.« Obwohl sie vielleicht ehrlich gemeint ist, verbirgt sich hinter einer solchen Antwort eine Reihe positiver und negativer Erwartungen.

Legen Sie die Karten auf den Tisch und beziehen Sie Stellung dazu. Wenn Sie das getan haben, ist es an der Zeit, Ihre eigenen Wünsche und Erwartungen zur Diskussion zu stellen. Lassen Sie uns ein paar typische Aussagen betrachten:

»Mein Exmann war nie für die Kinder da, und gerade der Älteste braucht dringend ein männliches Vorbild.«

Was soll das heißen, er war nie für die Kinder da? Inwiefern erwartet sie, dass Sie dieses Verhalten nun kompensieren können? Geht es vorwiegend um Nähe, um Erziehung oder darum, dass sie nicht noch einmal dieselbe Einsamkeit erleben möchte wie in ihrer früheren Beziehung? Sollen Sie mit den Kindern Fußball spielen, sie zu Auswärtsspielen begleiten, mit ihnen Angeln gehen, sie bei den Hausaufgaben unterstützen?

Braucht ihr Sohn wirklich ein männliches Vorbild, oder vermisst sie nur die Unterstützung durch einen loyalen Mann, oder ist beides der Fall?

»Die Mutter der Kinder war immer krankhaft darauf bedacht, dass die Kinder auch ja genug Aufmerksamkeit bekommen. Aber sie war nie richtig fröhlich und wollte ständig die absolute Kontrolle haben.«

Spricht hier jemand über eine Mutter, die sich hinsichtlich ihrer Kinder alleingelassen fühlte, oder über einen Kontrollfreak? Wie hat *er* sich verhalten? Hat er sich resigniert in alles gefügt? Tut er das immer noch? Hat er den Kampf um seine elterliche Verantwortung aufgenommen?

Was für einen Eindruck haben Sie jetzt, wenn Sie ihn zusammen mit seinen Kindern erleben? Ist er verantwortungsbewusst und fürsorglich, oder sind Sie ständig versucht, ihn zu belehren oder ihm zu helfen? Was für eine Beziehung möchte er selbst zu seinen Kindern haben, und wie stellt er sich Ihre Rolle dabei vor?

Die traditionellen Geschlechterrollen sind im Zusammenleben von Mann und Frau immer noch von großer Bedeutung. Das heißt, dass es jede Menge offensichtliche und verborgene Erwartungen gibt, auch was die Elternrolle und den praktischen Einsatz der Geschlechter betrifft.

In einer Bonusfamilie ist es klug, zunächst dem biologischen Elternteil die gesamte praktische Verantwortung für die Kinder zu überlassen: Wäsche, Arztbesuche, Turnsachen, Schulbrote, Schulausflüge, Zähneputzen, Hausaufgaben etc. Wenn sich nach ein paar Monaten gezeigt hat, dass dies funktioniert oder nicht funktioniert, können Sie über eine Verteilung der vielen kleinen und großen Aufgaben sprechen, die es mit sich bringt, Kinder zu haben.

Diese Aufteilung mag vielleicht etwas »lieblos« wirken, aber sie ist wichtig, weil sie Ihren Partner zwingt, Sie zu fragen, wenn er gern Hilfe hätte. Zugleich werden Sie dazu genötigt, darüber nachzudenken, in welchem Umfang Sie ihm unter die Arme greifen möchten.

Es ist immer noch eine unbequeme Wahrheit, dass viele Frauen und Mütter dazu neigen, zu viel Verantwortung und allzu viele Aufgaben an sich zu reißen, um ihren Partner später für seine Passivität zu kritisieren. Umgekehrt finden sich zahlreiche Männer und Väter, die immer noch nicht gelernt oder akzeptiert haben, dass sie die Verantwortung für sich selbst übernehmen müssen, inklusive ihrer täglichen Bedürfnisse.

Das bedeutet nicht, dass etwas dagegen spricht, die Aufgaben in der Familie nach dem klassischen Geschlechtermodell aufzuteilen. Es bedeutet nur, dass man dies mit offenen Augen und der ausdrücklichen Billigung beider Seiten tun sollte.

Vielleicht haben Sie sich in einen Mann verliebt, der ein wunderbarer Liebhaber, spannender Gesprächspartner und den Kindern ein entzückender »Spielonkel« ist, allen häuslichen Arbeiten jedoch völlig verständnislos gegenübersteht und auch nicht das geringste Interesse hat, sich damit zu beschäftigen.

Oder Sie lieben eine Frau, die nicht zwei Minuten lang stillsitzen kann, sondern – um ihres eigenen Seelenfriedens willen – unentwegt waschen, putzen und aufräumen muss. Beides führt unweigerlich zu gewissen Konflikten, muss aber nicht unbedingt eine problematische Beziehung zur Folge haben. Der entscheidende Faktor ist der Wille beider Partner, für sich selbst und die

Die Kultur Ihrer Partnerschaft liegt in Ihrer beider Verantwortung – ebenso wie deren Veränderung.

Kultur ihrer Partnerschaft die Verantwortung zu übernehmen. Sie haben diese Kultur gemeinsam etabliert, und sie hat so lange Bestand, bis die eine oder andere Seite damit nicht mehr einverstanden ist.

Ihre Verantwortung hinsichtlich der Kinder Ihres Partners besteht in aller einfachen Schwierigkeit darin, eine Beziehung zu ihnen aufzubauen, die von gegenseitigem Respekt geprägt ist und sich, im Takt mit dem Bedürfnis beider Seiten, in Ruhe entwickeln kann. Auf diese Weise tragen Sie eine Mitverantwortung dafür, wie sich die Beziehungen der Kinder zu anderen Menschen entwickeln, ungeachtet der Tatsache, wie närrisch oder vorbildlich sich ihre biologischen Eltern verhalten.

Als Außenstehender und neuer Erwachsener im Leben der Kinder bekommen Sie die Gelegenheit, eine Kunst zu erlernen und zu praktizieren, die nur die wenigsten biologischen Eltern beherrschen: die Kunst des Dialogs. Jedes Mal, wenn Sie daran zweifeln, was das Richtige im Verhältnis zu einem Kind wäre, können Sie direkt zu ihm gehen und sagen:

»Ich habe gemerkt, dass du im Moment Schwierigkeiten mit unserer Familiensituation hast, und ich bin nicht sicher, ob ich dir dabei helfen kann. Was hättest du am liebsten?«

»Ich bekomme Bauchschmerzen, wenn du zu mir sagst, dass ich nicht deine ›richtige Mutter‹ bin oder dass du mich hasst. Kannst du mir helfen herauszufinden, was ich verkehrt mache?«

»Ich würde dir gerne bei den Hausaufgaben helfen, wenn du Hilfe brauchst, aber ich höre auch, dass ich manchmal wie ein Lehrer oder besserwisserisch klinge. Können wir das irgendwie anders machen, damit ich nicht die ganze Verantwortung tragen muss?«

»Jetzt, da du in die Pubertät gekommen bist, würde ich dir gern etwas über meine eigenen Erfahrungen als Mann/Frau erzählen. Hast du Lust dazu, oder soll ich das lieber für mich behalten?«

Manche geschiedenen Eltern werden aus reiner Angst, etwas falsch zu machen, so egozentrisch, dass ihre Kinder einen erwachsenen Gesprächspartner vermissen. Das ist eines der vielen Paradoxien der Elternverantwortung, doch ein Paradox, das Ihnen in Ihrer Eigenschaft als Bonusmutter oder Bonusvater einen bedeutsamen Platz zuweist: den Platz als gleichwürdiger Dialogpartner. Das heißt als Erwachsener, der sich weder in seiner Rolle als Erzieher und Versorger noch in Schuldgefühlen und schlechtem Gewissen verirrt.

Ach, es hat trotzdem nicht geklappt!

Ohne allzu pessimistisch sein zu wollen, möchte ich zum Schluss gern ein paar Gedanken dazu äußern, was Sie tun können, wenn sich nach ein paar Monaten oder Jahren erweisen sollte, dass Ihre Bonusfamilie nicht überlebensfähig war.

Ob es dabei um Sex, Geld, Kinder, die Schwiegermutter oder worum auch immer ging, spielt für den Inhalt dieses Kapitels keine Rolle. Die neutrale Erklärung ist immer dieselbe: Obwohl wir unser Bestes gegeben haben, ist es uns nicht gelungen, eine Beziehung zu etablieren, die auf Dauer trag- und widerstandsfähig genug war.

Wenn das geschieht, verlieren wir etwas Grundlegendes im Leben eines Menschen: das Erlebnis, für denjenigen, den wir lieben, wertvoll zu sein. Dieser Verlust lässt die meisten Menschen zunächst aggressiv reagieren, obwohl Trauer eigentlich logischer wäre.

Es ist in diesem Kontext nicht so wichtig, ob sich die Aggression in Form von Vorwürfen und Kritik gegen den anderen richtet, ob wir uns Selbstvorwürfe machen, unter Schuldgefühlen und Depressionen leiden oder psychosomatische Symptome zeigen. Doch sollten wir uns

Aggressive Gefühle sind ein Schutzmechanismus, der unsere Verwundbarkeit überdeckt.

bewusst sein, dass die aggressiven Gefühle Ausdruck eines Schutzmechanismus sind, der in dieser akuten Phase unsere Verwundbarkeit (unsere Trauer, unser geringes Selbstwertgefühl und das Bewusstsein des Scheiterns) überdeckt.

Wut, Raserei und Hass sind also eine natürliche Reaktion unseres Organismus, um uns zu schützen, doch sind diese Gefühle nicht das Gegenteil von Liebe. Sie sind eine Funktion der Liebe und treten nur in Beziehungen auf, in die wir zuvor viel Liebe und Fürsorge, positive Erwartungen und Veränderungswillen investiert haben. Und warum ist das so wichtig?

Es ist wichtig, weil Sie nun die Möglichkeit zu etwas haben, was einer meiner geschätzten Kollegen als »Trennung in Liebe« bezeichnet. Keine glückliche Trennung, aber eine liebevolle. Vielleicht haben Sie ja beide eine oder mehrere lieblose Trennungen hinter sich, und Ihre Bonuskinder haben das Ganze auf jeden Fall schon einmal durchgemacht.

Geben Sie den Kindern das Beispiel mit auf den Weg, dass es möglich ist, sich anständig und liebevoll zu verhalten, obwohl man nicht mehr zusammenleben will. Außerdem schützen Sie sich so beide davor, dass sich unerwünschte »Kobolde« in eventuelle neue Liebesbeziehungen einschleichen.

Der schwere Abschied

Aus vielen Gründen fällt es schwer, »Lebewohl« zu sagen, wenn es ernst gemeint ist. Die meisten von uns haben einen Kloß im Hals oder ersticken das Wort in Tränen. Obwohl ich der Meinung bin, dass man dieses Wort bei einem Abschied auch aussprechen sollte, geht es natürlich um mehr als das bloße Wort.

Es geht um die Wichtigkeit, sich richtig voneinander zu verabschieden. Nicht aus Gründen der Höflichkeit, sondern unserer inneren Balance und der Möglichkeit halber, eines Tages eine neue Liebesbeziehung eingehen zu können. Ein richtiger Abschied entlässt alle Parteien in die Freiheit – die Erinnerungen bleiben, doch die Bande, die uns an etwas Vergangenes fesseln und weiterhin Energie absorbieren werden gelöst.

Die Kunst des richtigen Abschieds lässt sich wie jede Kunst als bloße Technik beschreiben, doch natürlich sind es die Stimmung, die Begleittöne und das unmittelbare Erleben, die einen richtigen Abschied von einem falschen unterscheiden. Hier kommen ein paar Hinweise, wie Sie ein solches Abschiedsgespräch führen sollten:

- Bereiten Sie sich gut vor und nehmen Sie eventuell Notizen mit.
- Sagen Sie Ihrem Partner, was im Zusammenleben mit ihm gut, positiv, fruchtbar und bereichernd war. Was Sie über das Leben und sich selbst gelernt haben. Bedanken Sie sich dafür.
- Sagen Sie dann Ihrem Partner, was im Zusammenleben mit ihm weniger gut, destruktiv und negativ war und wie dies Ihr Selbstbild verändert hat. Übernehmen Sie die Verantwortung, dass auch Sie daran beteiligt waren.
- Nachdem Ihr Partner dasselbe getan hat und Ihrem Beispiel gefolgt ist, sollten Sie eine – gern mehrtägige – Pause einlegen, um sich zu vergewissern, dass alles Wesentliche gesagt wurde. Wenn Sie verwirrt sind und in ein emotionales Chaos gestürzt wurden, ist dies ein Zeichen dafür, dass etwas fehlt. Nehmen Sie sich so viel Zeit, wie Sie brauchen, um es zu benennen. Wenn Sie meinen, dass alles gesagt wurde, ist die Zeit reif, sich erneut zu treffen, sich in die Augen zu sehen und »Lebewohl« zu sagen.

Der Abschied von den Bonuskindern

Unabhängig davon, wie lange Sie Ihre Bonuskinder gekannt haben und wie es um die Möglichkeit steht, sich auch in Zukunft zu sehen, ist diese Phase Ihrer Beziehung definitiv vorbei. Darum sollten Sie sich in aller Form von ihnen verabschieden.

Die Prinzipien sind dieselben, wie soeben beschrieben, und Sie sollten auch die Kinder dazu einladen, ihren Teil zu sagen.

Danach können Sie damit beginnen, sich der Zukunft zuzuwenden. Was die Fortsetzung Ihrer Beziehung zueinander angeht, werden die Wünsche und Vorstellungen vielleicht verschieden sein. Diese Unterschiede werden in den kommenden Monaten zutage treten; verabreden Sie daher immer nur ein Treffen oder einen Besuch nach dem anderen.

Seien Sie sich bewusst, dass es Ihre Verantwortung als Erwachsener ist, Ihre Wünsche und Bedürfnisse deutlich zu artikulieren. Andernfalls riskieren Sie, missverstanden zu werden, obwohl Sie nur flexibel und de-

Sagen Sie klar und deutlich, was Sie sich wünschen.

mokratisch sein wollen. Wenn es im Leben der Kinder turbulent zugeht, brauchen diese etwas Substanzielles, zu dem sie sich verhalten können – zu dem sie Ja oder Nein sagen können. Sagen Sie also lieber: »Ich würde dich gern nächste Woche zum Pizzaessen einladen. Was hältst du davon?« statt: »Wenn du mal Lust hast, mit mir eine Pizza zu essen, dann sag Bescheid.«

Wenn Sie keinen gemeinsamen Alltag mehr haben, hat Ihr früherer Partner auch kein Recht mehr, sich in

Ihre Beziehung zu seinen Kindern einzumischen. Auch wenn er sagt, dass die Kinder Ruhe brauchen und Sie besser keinen Kontakt zu ihnen aufnehmen, sollten Sie Ihrem Herzen folgen und den Kindern die Wahrheit sagen: »Eure Mutter hätte am liebsten, dass wir keinen Kontakt mehr zueinander haben, aber ich möchte euch gerne sehen und will den Kontakt zu euch nicht verlieren. Im Moment ist es vielleicht das Beste, sie bestimmen zu lassen, aber ich melde mich bei euch, wenn ein wenig Ruhe eingekehrt ist.«

Bonuseltern haben nur wenige Rechte, aber viele Möglichkeiten, wenn es ihnen gelingt, sich richtig von allen zu verabschieden.

Nach denselben Prinzipien können Sie einen Abschiedsbesuch bei Ihrer eigenen Familie oder Ihren Freunden arrangieren oder die Erwachsenen zumindest bitten, den Kindern eine Abschiedsmail zu schicken.

*

Auch Erwachsene brauchen eine gewisse Zeit, um über Trennungen hinwegzukommen. Nehmen Sie sich genug Zeit und sprechen Sie mit Freunden und Freundinnen darüber, bis Ihr Bewusstsein wieder mehr in die Zukunft als in die Vergangenheit gerichtet ist. Eine gescheiterte Liebesbeziehung sollte Anlass zu emotionalem Zweifel und persönlicher Reflexion geben. Niemand kann sie so einfach beenden, wie man ein Buch zuschlägt, ohne später die Rechnung dafür bezahlen zu müssen.

Bücher und DVDs von Jesper Juul

Bücher

JUUL, Jesper: *Aggression: Warum sie für uns und unsere Kinder notwendig ist*. Hrsg. v. Ingeborg Szöllösi. Frankfurt: S. Fischer, 2014

JUUL, Jesper: *Aus Erziehung wird Beziehung. Authentische Eltern – kompetente Kinder.* Hrsg. v. Ingeborg Szöllösi. Freiburg: Herder, 2005

JUUL, Jesper: *Aus Stiefeltern werden Bonus-Eltern. Chancen und Herausforderungen für Patchwork-Familien.* Weinheim und Basel: Beltz, 2015

JUUL, Jesper: *Das Familienhaus: Wie Große und Kleine gut miteinander auskommen.* Weinheim und Basel: Beltz, 2015

JUUL, Jesper: *Das Kind in mir ist immer da. Mein Leben für die Gleichwürdigkeit.* Weinheim und Basel: Beltz, 2018

JUUL, Jesper: *Dein kompetentes Kind. Auf dem Weg zu einer neuen Wertegrundlage für die ganze Familie.* Reinbek: Rowohlt, 2009

JUUL, Jesper: *Dein selbstbestimmtes Kind. Unterstützung für Eltern, deren Kinder früh nach Autonomie streben*. München: Kösel, 2020

JUUL, Jesper: *Die kompetente Familie. Neue Wege in der Erziehung.* Weinheim und Basel: Beltz, 2014

JUUL, Jesper: *Elterncoaching: Gelassen erziehen*. Weinheim und Basel: Beltz, 2016

JUUL, Jesper: *Essen kommen. Familientisch – Familienglück.* Weinheim und Basel: Beltz, 2017

JUUL, Jesper: *Familienberatung: Worauf es ankommt, wie sie gelingt.* München: Kösel, 2015

JUUL, Jesper: *Fünf Grundsteine für die Familie: Wie Erziehung funktioniert.* München: Kösel, 2015

JUUL, Jesper: *Grenzen, Nähe, Respekt. Auf dem Weg zur kompetenten Eltern-Kind-Beziehung.* Reinbek: Rowohlt, 2009

JUUL, Jesper: *Leitwölfe sein. Liebevolle Führung in der Familie.* Weinheim und Basel: Beltz, 2018

JUUL, Jesper: *Liebende bleiben. Familie braucht Eltern, die mehr an sich denken.* Weinheim und Basel: Beltz, 2017

JUUL, Jesper: *Mann und Vater sein.* Hrsg. v. Ingeborg Szöllösi. Freiburg: Kreuz, 2011

JUUL, Jesper/HØEG, Peter/BERTELSEN, Jes/HILDEBRANDT, Steen/JENSEN, Helle/STUBBERUP, Michael: *Miteinander. Wie Empathie Kinder stark macht.* Weinheim und Basel: Beltz, 2014

JUUL, Jesper: *Nein aus Liebe: Klare Eltern – starke Kinder.* Weinheim und Basel: Beltz, 2014

JUUL, Jesper: *Pubertät – wenn Erziehen nicht mehr geht: Gelassen durch stürmische Zeiten.* München: Kösel, 2010

JUUL, Jesper: *Respekt, Vertrauen & Liebe. Was Kinder von uns brauchen.* Weinheim und Basel: Beltz, 2020

JUUL, Jesper: *Schulinfarkt: Was wir tun können, damit es Kindern, Eltern und Lehrern besser geht.* München: Kösel, 2013

JUUL, Jesper: *Unser Kind ist chronisch krank. Ein Ratgeber für Eltern.* Weinheim und Basel: Beltz, 2014

JUUL, Jesper: *Vier Werte, die Kinder ein Leben lang tragen.* München: Gräfe und Unzer, 2012

JUUL, Jesper: *Vier Werte, die Eltern und Jugendliche durch die Pubertät tragen.* München: Gräfe und Unzer, 2015

JUUL, Jesper/JENSEN, Helle: *Vom Gehorsam zur Verantwortung. Wie Gleichwürdigkeit in der Schule gelingt.* Weinheim und Basel: Beltz, 2019

JUUL, Jesper: *Was Familien trägt. Werte in Erziehung und Partnerschaft. Ein Orientierungsbuch.* Weinheim und Basel: Beltz, 2013

JUUL, Jesper / BOIE, Kirsten / SAALFRANK, Katharina: *Was tun, wenn der Hamster den Löffel abgibt? 60 Elternfragen beantwortet vom Familientrio.* Weinheim und Basel: Beltz, 2016

JUUL, Jesper: *Wem gehören unsere Kinder? Dem Staat, den Eltern oder sich selbst? Ansichten zur Frühbetreuung.* Weinheim und Basel: Beltz, 2012

JUUL, Jesper: *Wir sind für dich da. 10 Tipps für authentische Eltern.* Freiburg: Kreuz, 2014

DVDs – eine Auswahl

JUUL, Jesper / JENSEN, Helle: *Die 9. Intelligenz – die Intelligenz des Herzens.* DVD. München: familylab, 2010

JUUL, Jesper: *Was erzieht wirklich? »Die kompetente Familie«: Ein Vortrag von Jesper Juul auf DVD.* Weinheim und Basel: Beltz, 2010

JUUL, Jesper: *Wenn Kinder Jugendliche werden. Ein Vortrag von Jesper Juul auf DVD.* Weinheim und Basel: Beltz, 2010

Weitere Buchempfehlungen

Neben den Büchern von Jesper Juul finden Sie Unterstützung in:

FRÜH-NAUMANN, Doris: *Im Schatten der Ersten. Wie Partnerschaft mit einem geschiedenen Mann gelingen kann*. München: mvg, 2008

GASCHLER, Frank/GASCHLER, Gundi: *Ich will verstehen, was du wirklich brauchst. Gewaltfreie Kommunikation mit Kindern*. München: Kösel, 2007

JENSEN, Elsebeth/JENSEN, Helle: *Schule braucht Beziehung. Gelungene Lehrer-Eltern-Gespräche.* Weinheim und Basel: Beltz, 2016

KOCH, Claus/STRECKER, Christoph: *Kindern bei Trennung und Scheidung helfen. Psychologischer und juristischer Rat für Eltern.* Weinheim und Basel: Beltz, 2014

LARGO, Remo/CZERNIN, Monika: *Glückliche Scheidungskinder. Trennungen und wie Kinder damit fertig werden*. München: Piper, 2014

LEVINE, Peter: *Kinder vor seelischen Verletzungen schützen. Wie wir sie vor traumatischen Erfahrungen bewahren und im Ernstfall unterstützen können*. München: Kösel, 2010

OCHS, Matthias/ORBAN, Rainer: *Familie geht auch anders. Wie Alleinerziehende, Scheidungskinder und Patchworkfamilien glücklich werden*. Heidelberg: Carl Auer, 2011

STARKE, Claudia/HESS, Thomas/BELVISO, Nadja: *Das PatchworkBuch. Wie zwei Familien zusammenwachsen.* Weinheim und Basel: Beltz, 2015

VOELCHERT, Mathias: *Chancen verlieben sich. Wie Partner sich immer wieder neu entdecken können*. München: Edition + Plus, 2014

VOELCHERT, Mathias: *Liebevolle elterliche Führung. Das Praxisbuch.* Weinheim und Basel: Beltz, 2017

VOELCHERT, Mathias: *Trennung in Liebe … damit Freundschaft bleibt*. München: Kösel, 2006

Über den Autor

Jesper Juul (1948–2019) war Lehrer, Familientherapeut, Konfliktberater und Autor. Er wurde in Dänemark geboren und lebte dort den größten Teil seines Lebens. Juul gehörte zu den großen Impulsgebern für eine Pädagogik der Zukunft. Als einer der innovativsten Familientherapeuten Europas unterstützte er mit seinen 2004 gegründeten Familienwerkstätten »familylab international« Eltern dabei, eine authentische und respektvolle Führungsrolle in der Familie einzunehmen.

© Anja Kring

Seine Biografie ist so vielseitig wie seine Pädagogik. Er ging mit 16 zur See, arbeitete als Koch und Kellner, studierte Religion und europäische Ideengeschichte, wurde Vater und arbeitete mit straffälligen Jugendlichen. In Holland und den USA bei Walter Kempler bildete er sich zum Familientherapeuten weiter. Lange Jahre war er Leiter des von ihm gegründeten »Kempler Instituts Skandinavien«. Kempler gehörte zu denjenigen Mitarbeitern von Fritz Perls, die die Gestalttherapie seit Mitte der 1970er-Jahre nach Europa brachten. Jesper Juul entwickelte daraus eine eigenständige Therapie- und Beratungsform: Kurzzeitinterventionen mit der ganzen Familie und eine spezifische Beratungspraxis, die von einer natürlich vorhandenen sozialen Kompetenz des Kindes und der Gleichwürdigkeit von Kindern und Erwachsenen ausgeht. Jährlich arbeitete er drei Monate unentgeltlich als Betreuer von traumatisierten Kindern, Flüchtlingen und Kriegsveteranen in Kroatien.

Jesper Juul war Autor von über 40 Büchern und DVDs, die in viele Sprachen übersetzt wurden. Er war Vater eines Sohnes und Großvater zweier Enkelsöhne.